GRAVITARE

以色列建国之际的秘密特工

[以]马蒂·弗里德曼 著

曾记 译

Secret Lives
at the Birth of Israel

SPIES OF NO
MATTI FRIEDMAN
COUNTRY

无国之谍

SPM
南方传媒
广东人民出版社
·广州·

图书在版编目（CIP）数据

无国之谍：以色列建国之际的秘密特工 /（以）马蒂·弗里德曼著；曾记译. —广州：广东人民出版社，2023.2（2023.7重印）
（万有引力书系）
书名原文：Spies of no country: secret lives at the birth of Israel
ISBN 978-7-218-15920-1

Ⅰ. ①无… Ⅱ. ①马… ②曾… Ⅲ. ①间谍—情报活动—历史—以色列 Ⅳ. ①D738.236

中国版本图书馆CIP数据核字（2022）第152740号

Copyright @ 2019 by Matti Friedman
Published by arrangement with The Deborah Harris Agency, through The Grayhawk Agency Ltd.

WUGUO ZHI DIE: YISELIE JIANGUO ZHI JI DE MIMI TEGONG
无国之谍：以色列建国之际的秘密特工

[以] 马蒂·弗里德曼 著 曾记 译

版权所有　翻印必究

出　版　人：肖风华

丛书策划：施　勇　钱　丰
责任编辑：刘飞桐　龚文豪
特约编辑：柳承旭
营销编辑：龚文豪　张静智
责任技编：吴彦斌　周星奎

出版发行　广东人民出版社
地　　址：广州市越秀区大沙头四马路10号（邮政编码：510199）
电　　话：（020）85716809（总编室）
传　　真：（020）83289585
网　　址：http://www.gdpph.com
印　　刷：恒美印务（广州）有限公司
开　　本：889毫米×1194毫米　1/32
印　　张：8.375　字　　数：187千
版　　次：2023年2月第1版
印　　次：2023年7月第2次印刷
著作权合同登记号：图字19-2022-141号
定　　价：78.00元

如发现印装质量问题，影响阅读，请与出版社（020-85716849）联系调换。
售书热线：（020）85716833

间谍是最为古老的行当之一，也是许多国家寻求安全的重要工具，在冲突期间尤其如此。在这本书中，马蒂·弗里德曼打开了一扇窗，使我们得以窥见这四位年轻的犹太人，了解1948年前后他们如何从社会的边缘卷入事件的中心，从事间谍活动，为这个新生的国家谋求生存。这四人出生于叙利亚、也门和巴勒斯坦，但却认同自己的犹太人身份，认同犹太复国主义关于建立犹太人国家的梦想。他们甘冒生命危险前往阿拉伯国家的首都充当间谍，他们的真实经历超出了文学与电影的想象。除了讲述他们的冒险和功勋，本书还生动地描绘了当年阿拉伯人和犹太人社会的生活与政治。

中山大学曾记副教授翻译过多部关于犹太－以色列历史文化的作品，他的努力使中国读者得以了解这段关于当代犹太－以色列历史和思想历程的故事，值得推荐。

———[以] 梅尔·利特瓦克（Meir Litvak）
（教授，以色列特拉维夫大学历史学系主任）

马蒂·弗里德曼《无国之谍：以色列建国之际的秘密特工》是一部贴近生活、描写以色列最初一批间谍故事的作品。众所周知，以色列在情报工作方面独树一帜，特工机构摩萨德早已蜚声世界。而本书所讲述的却是构成以色列情报机构摩萨德的早期基础，以及打造出世界最强情报机构的那些平民情报人员的故事。他们并没有像日后的摩萨德那样干出惊天动地的伟业，却是以色列建国过程中的隐秘贡献者。更为重要的是，书中对四位主人公的身世和背景的勾勒，让人们得以真正了解以色列特工为何如此敬业、如此具有创造性。他们作为普通人的民族国家情怀和对建国大业的渴望，以及希望以自己微薄之力为民族的复兴贡献力量的精神，是其特工事业的基石。任何想了解以色列特工和情报事业的人，应该从阅读本书开始。

本书译者曾记副教授凭借对犹太文化和以色列的深入了解以及优美、严谨的译笔，使《无国之谍》中文译本准确流畅，定会令读者爱不释手。

——徐新

（南京大学犹太和以色列研究所名誉所长，

南京大学格来泽犹太文化讲座教授）

关于间谍生活的种种描绘——欺骗、背叛、伪装、地下工作、秘密知识、虚张声势、两头欺骗、不可察觉、迷惑难解、变换身份——不过是对我们每个人生活的描绘。

——威廉·博伊德（William Boyd）

目 录

译者的话·· i

本书中的四名间谍······························ ii

前言·· 1

第一部分 海 法

1. 侦察员 ······································ 2

2. 营地 ··· 17

3. 修车行 ······································ 25

4. 观察者（1） ······························ 33

5. 猛虎 ··· 38

6. 以撒 ··· 42

7. "椋鸟行动" ································ 65

8. "雪松" ······································ 72

9. 观察者（2） ······························ 82

第二部分 贝鲁特

10. 基姆 ·· 92

11. 难得的机会 ···················· 100

12. 以色列的沦陷 ················ 106

13. "三个月亮"报刊亭 ·········· 117

14. 地中海赌场 ················· 126

15. 希特勒的游艇 ·············· 134

16. 破坏者 ···················· 147

17. 绞刑架 ···················· 152

18. 犹太国家 ·················· 161

19. 情人乔吉特 ················ 177

20. "红发"博凯 ··············· 190

21. 归家 ····················· 203

后记 ························· 210

资料来源 ····················· 215

致谢 ························· 249

译者的话

这是一本关于间谍的书，却不是我们以为的那种间谍故事。它讲述了以色列情报事业的寒微的开端，描绘了建国过程中几位鲜为人知的人物。作为世代生活在阿拉伯世界的犹太人，他们在 20 世纪的民族主义浪潮中经历了身份的觉醒，服务于一个尚不存在的国家。它以细腻的笔触还原了这片古老土地上不同人群的日常生活和思想观念。更重要的是，它打破了关于以色列建国的西方中心主义神话，展现了以色列人身份的多元性，对它的前途命运提出了深刻的追问。作为关注中东问题的译者，翻译这本小书的过程也是独特的学习和研究体验。

我要感谢广东人民出版社的编辑刘飞桐女士和施勇先生，是他们让这本独特的小书进入中文读者的视野。这必然会丰富——或者说，很大程度上改变——读者对于中东历史和现实的认知。

和先前几本译作一样，我将此书的翻译带到了我在中山大学国际翻译学院的教学工作当中。我要特别感谢学生们的参与和贡献：翻译硕士研究生罗温馨、陈梦然、谷佳雨各自试译了部分章节，用作学位论文的语料；周嘉凤、陈修懿、刘晨曦参与了译稿的审阅和整理，提出了很多宝贵的意见；在 2021 级、2022 级翻译硕士英译汉的课堂上，我曾用本书前几章作为教学材料，从学生们的热烈讨论中获益良多。在这段特别的以色列之旅中，能与你们同行，深感快慰。

本书中的四名间谍

迦玛列·科恩
化名：尤瑟夫·艾哈迈德
出生地：叙利亚，大马士革
时年（1948年1月）：25岁

以撒·索山
化名：阿卜杜勒·卡里姆
出生地：叙利亚，阿勒颇
时年：23岁

哈巴谷·科恩
化名：易卜拉欣
出生地：也门
时年：20岁

亚库巴·科恩
化名：贾米尔
出生地：英治巴勒斯坦，耶路撒冷
时年：23岁

前　言

本书讲述的四名间谍中，只有以撒尚在人世①。当我写下这几行字的时候，这位来自阿勒颇小巷、戴着眼镜的战士已经 93 岁了。我与以撒的会面源自另一位老人的建议，他在退休前同样供职于以色列情报机构，我是在创作另一个故事的过程中结识他的。而我之所以会去拜访以撒，不是因为我听说过他，也不是因为知道以色列建国时他们那支小小的队伍，更不是因为我有写这本书的打算，只是老记者的直觉告诉我：与老间谍交谈绝不会浪费时间。

于是，在接下来的几年里，我花了很多时间和他交谈，他家厨房里橄榄绿色的瓷砖墙成了我们谈话时的背景板。他住在特拉维夫（Tel Aviv）南部新城区一栋公寓楼的七楼。有时，他会慢慢地走到炉子前，用一个长柄金属小壶煮黑咖啡，小壶像是当年有名的营火晚会上用的那种。他说话总是很有节制，他们这种人并不喜欢多说话。但他的记忆像刀锋一样锐利，仿佛 1948 年的以色列独立战争刚刚结束，或者还在进行。

他比想象中更爱笑，每说几句话，就会发出低沉的"呵呵"声，同时还摇着头，只能看见耳朵、鼻子和咧开的嘴。他之所以笑，不是因为提及的事情有趣，也不是在轻描淡写，而是诧异于他所看到

---

① 以撒已于 2020 年去世。

的一切。谈话间，当年的以撒该有的模样不时闪现——警觉、敏捷又充满渴望。他在替其他人发声，替那些幸存下来并在暮年安然逝去的人，也替七十年前那些草草乔装、投身历史的风暴当中，之后再无音信的人。

1942年，以撒来到特拉维夫的一座蔬菜市场。这位说阿拉伯语、一文不名的少年蹲在地上，面前摆着一箱青椒。他本可能一直留在那里。许多人来到了这样的市场，做起了小生意，就待了一辈子。我的曾祖父就是如此，他在曼哈顿的下东区摆摊卖橘子。但以撒却没有这样。一阵怪异的浪潮将他裹挟，卷向远处。他本可能像一些朋友那样，在23岁时头上挨一枪，倒在沙丘之间，或者被绞死在监狱的院子里，徒留一星半点的事迹。但他竟全然幸免。他本可以置身事外，任由这个1948年初生的犹太国家毁灭在襁褓里。但这也没有发生，所以我们才会相遇在这个国家——在我们的国家，在以撒家中，坐在厨房的桌边。

正如约翰·勒卡雷①所说，"间谍活动是我们社会中的秘密剧场"。每个国家都有明面上的故事，也都有隐秘的自我，就像这些国家的间谍一样。在地下基地之中，隐藏着对上层世界的洞察。所以，除了对特工和双重身份的故事的兴趣之外，正是这一认识驱使我接近这些人，探究他们的奇妙历险。了解这些人，对于了解他们参与建立的这个国家有着重要意义。

回顾起来，我和以撒相识相知的那些年，正值阿拉伯世界陷入

---

① John le Carré，英国著名谍战作家，著有《锅匠，裁缝，士兵，间谍》等，多部小说被拍成电影。（本书注释除特别注明外，皆为译者注。）

崩溃，叙利亚爆发内战，阿勒颇城毁于战火。阿勒颇是以撒出生、成长的地方。在一次次的访谈当中，我们目睹了这些剧变。我们第一次见面是在 2011 年，当时阿勒颇还很平静，只是犹太教堂一如既往地空空荡荡。几十年前，犹太人大批地逃离阿拉伯世界，以撒的家人和其他犹太人也都逃离了阿勒颇，这里的犹太教堂就再也无人问津。不过，很快基督教堂也空了，许多清真寺也被炸毁，这座阿拉伯大都市大半沦为了废墟。

我们看到人们不顾一切地逃离，穿过地中海，被冲上希腊海滩，背着行囊和婴儿艰难地向内陆跋涉。在整个中东地区，基督教徒、琐罗亚斯德教徒、曼达教徒和雅兹迪教徒都逐渐消失，或者已然消失，那些曾经生活在什叶派当中的逊尼派穆斯林、生活在逊尼派当中的什叶派穆斯林，以及那些想法或行为不同而又无处容身的人，也都经历了同样的命运。对异类的憎恨，以及"只要消灭了异类，问题就会解决"的想法，有时先在犹太人身上付诸实施，但往往又不止于此。

有一次，我和以撒没有在他家厨房里谈话，而是去了附近的一个购物中心。那里的很多人来自伊斯兰世界，和以撒一样，也和以色列一半的犹太人一样。购物中心顶层是一间电子游戏厅，里面蓝光闪烁，游戏里的爆炸声此起彼伏。时值暑假，室外粘腻酷热，家长们走投无路，不得不带着孩子来到这里打发时间。麦当劳已经爆满，中庭的儿童游乐区也挤满了人。一家名为"阿芙罗狄蒂"的商店正在搞特价促销，卖的是鲜艳的红色内衣。一位戴着橙框眼镜的妇女正在彩票摊前琢磨着号码。

许多年轻人戴着雷朋墨镜、穿着跑鞋来到这里，他们的先辈来自突尼斯和阿尔及尔的犹太区。伊拉克北部摩苏尔地区迁来的犹太人也在这里——没有像他们的邻居雅兹迪人那样被填进壕沟，而是在这里吹着空调，喝着拿铁咖啡，吃着符合犹太教标准的麦乐鸡块，他们的孩子则在蹦床上用希伯来语欢叫着。这些都是以色列人，只不过不是老派的犹太复国主义想象中的那些基布兹①的先驱、欧洲的孤儿。他们都来自伊斯兰世界。在那里，他们的生活曾与伊斯兰世界的命运交织在一起，祖祖辈辈都是如此。这里是以色列，只不过与人们通常描述的那个以色列并不相像。

在自动扶梯旁的一家连锁咖啡馆里，坐着一名叫以撒·索山（Isaac Shoshan）的间谍。他曾是阿勒颇的扎基·沙索（Zaki Shasho），也被人称为贝鲁特（Beirut）的阿卜杜勒·卡里姆·穆罕默德·西德基（Abdul Karim Muhammad Sidki）。当他讲述自己如何见证以色列的诞生时，故事中的那些人物全然不是人们经常提到的那些，情节更是闻所未闻，却比我听过的任何故事都更能说明当前的局面。这是个关于整个中东的故事。离开购物中心时，在我眼中，连街道都显得不同了。就在那时，我觉得写这个故事的时机已经到来了。

在写这个故事时，我依据的是对以撒和其他人的采访；还参考了以色列军事档案中的文件，其中有不少是在我的请求下首次解密的；我还查阅了哈加纳（以色列建国前的犹太地下武装）的档案文件，参考了参与者未公开的证词，虽然他们已经逝世，无从访谈。另外，还有两本已出版的关于阿拉伯历史的书也十分有用（不过都

---

① 以色列的集体农庄。

是用希伯来语写的，没有译本，也未重印）。第一本是历史学家兹维卡·德罗（Zvika Dror）所写，由以色列国防部于1986年出版，下面我将其简称为官方史书。第二本书是本书四名间谍之一迦玛列·科恩（Gamliel Cohen）晚年所著，出版于2001年。直接摘自文件、录音或访谈记录的话都会用引号标注，回忆时想起的那些则不加引号。关于引用资料的注释见本书末尾。

写间谍故事似乎有一条不成文的规则：主人公改变了历史的进程，或至少改变了战争的进程。而我认为，这种做法固然很吸引人，但往往不是真的，至少本书中的四位间谍并非如此。尽管他们对战争的胜利做出了巨大的贡献，但他们执行的任务没有那种巅峰时刻，不是引发关键一爆从而消除灾难，也不是解出了什么曲折的谜题。事实上，他们在历史上的重要性在于他们构成了一个组织，这个组织后来发展成世界上最强的情报机构之一。用历史学家本尼·莫里斯（Benny Morris）和伊恩·布莱克（Ian Black）的话来说，他们是"悠久而成果丰硕之传统的平淡开端"，是"一条纽带，将最初犹太复国主义者开展的业余的、小规模的情报工作和1948年后更大更专业的情报工作联系起来"。

德罗在其官方史书中写道，在以色列情报机构中，"他们了解到，我们从事间谍活动的方式，其核心始于'黎明'。'黎明'组织为许多伟大的行动奠定了基础，从中也产生了后来那些举世闻名的'摩萨德的事迹'。"对于处境危险的小国而言，这些事迹是很有用的神话，像一层幕布一样遮掩起人民的脆弱。但在本书的故事里，只有脆弱的人民，没有这样的幕布。本书不是对以色列或以色列情报机构诞生史的综合回顾，更与"黎明"组织的历史无关。

故事聚焦于关键的 20 个月——1948 年 1 月到次年 8 月，聚焦于海法（Haifa）和贝鲁特这两个相距约 130 千米的东方港口城市，聚焦于被从边缘卷进事件中心的四名年轻人。我所探寻的不是席卷一切的历史，而是历史中的人心。在这些坐标上，我找到了它。

第一部分

海　法

1. 侦察员

一个衣着崭新的年轻人穿过马路，随身带着一本真护照，但护照上用的是假名。1948 年 1 月，正值海法的雨季。迦密山耸立在港口后方，撑起一条绿影，地中海延展成另一条绿影，天色阴沉。他提着行李箱走在街上，看上去显然要赶去什么地方。他要坐的航班快要起飞了。从穿着举止来看，他不像是工人，也不像是教授，也许是某个阿拉伯城市里的店主之子，此时他的身份也的确如此。他自称尤瑟夫，那我们就暂且叫他尤瑟夫。

这个年轻人竭力表现出有正事要办的样子，但是他的镇静只是个假象，正如他的名字一样。他要弄张票，去城外的小机场，仅此而已，但他觉得自己可能做不到。战争爆发至今还不到六周，但是生与死之间的距离几乎可以忽略不计了——用错哪个动词，回答尖锐问题时前后不一，或是衣服哪一处细节出错（例如村民穿着职员才会穿的鞋，或者工人的衬衫太干净）就能带来灭顶之灾。近来街上风声鹤唳，关于间谍和破坏分子的传言闹得人心惶惶。尤瑟夫路过的街边，到处贴着阿拉伯国民议会的告示，开头这样写着：

　　高贵的阿拉伯人民：要当心第五纵队①！

另外一处写着：

　　高贵的阿拉伯人民！
　　国民议会正不遗余力地履行对人民的义务，并且深知自身肩负责任，要拯救家园、从一切敌人手中光复故土。

档案中有一张尤瑟夫的照片，可以让我们想象到当时的场景。

---

①　第五纵队：指隐藏在己方、尚未曝光的敌方间谍。

　　当时巴勒斯坦处在英国的委任统治之下，海法是它的主要港口，当地人口一半是犹太人，一半是阿拉伯人。海法不像一个整体，更像是一个个居民点的集合。这些居民点从码头延伸出来，沿着迦密山一路爬升，被蜿蜒的道路和石阶串联起来。海边是阿拉伯人，山上是犹太人。与受人瞩目、动人心弦的耶路撒冷不同，海法并非争议不休的圣地，而是一处务实之地，这里不光有炼油厂和仓库，还有港口地区常见的各种非法勾当。在海法不仅能听到希伯来语、英语和各种阿拉伯语方言，还能听到希腊语、土耳其语、意第绪语和俄语。自从30年前被英国统治以来，米字旗就一直飘扬在码头上空。但现在一切都分崩离析了。

　　尤瑟夫正前往旅行社的店铺，去取离开海法、离开国境的机票。此时，街上寻常的喧闹声消失了，阿拉伯区的街道显得模糊不清，气氛紧张。崭新的铁丝网隔开了犹太区和阿拉伯区。整个晚上，铁丝网两边冷枪此起彼伏，人们都陷入了恐慌。此前的几周里，犹太武装分子血洗了附近阿拉伯炼油厂工人的居住区，作为之前炼油厂的阿拉伯工人杀害犹太工人的报复，而阿拉伯工人杀害犹太工人又是因为犹太人朝炼油厂外的阿拉伯人公交站扔了炸弹，以报复先前……你要是搞不清楚，也情有可原。从前，海法各个居住区之间一直都能自由通行，但现在，一旦越了界就很危险。

　　现在再去回顾这些事件，我们很清楚这不过是刚开始的几周，这场冲突后来被称为"以色列独立战争"，或者"1948年战争"，而阿拉伯人将其称为"大灾难"。1947年年初，英国宣布即将撤出巴勒斯坦。它在刚刚结束的世界大战中已财殚力尽，要治理两个彼此不容且怀有敌意的民族，显然是不可能的，这也耗尽了英国的意志力。11 月 29 日，联合国在纽约进行了一次戏剧性的投票，通过了决议：在次年夏天英国对巴勒斯坦地区的委任统治结束之后，该地区将一分为二，建立一个犹太人国家和一个阿拉伯人国家。犹太人欢欣鼓舞，如同在水中挣扎的人看到了浮板，而阿拉伯世界则表现出一个饱受着辱的文明迸发的愤怒。就在投票后的次日早晨，战争爆发了。

事件似乎不可避免地朝前发展，构成了我们所了解的历史、所熟知的现实，但是在 1948 年 1 月中旬，尤瑟夫出现在海法的那天，没有什么事情是确定的，一切仍是未知。彼时叫以色列的国家尚不存在，也没有要出现的征兆。联合国无法执行分治计划。英国士兵和警察仍然出现在街头，皇家海军仍然封锁着地中海，拦截武器运输，阻止犹太难民进入，以安抚阿拉伯民众。但是随着撤离时间临近，英国的力量正在逐渐消退，取而代之的是犹太人和阿拉伯人之间的内战。之前就已发生过好几起暴力事件，但决定性的冲突已然到来。灾难即将发生，已是显而易见的事，但落到哪一方头上，尚未可知。

我去过海法很多次，在老街区周围闲逛，力求还原尤瑟夫当时所见的当地生活。大清真寺曾经吸引了大批信众，让他们汇集到奥斯曼式的宣礼塔下铺着地毯的拜殿里。现在清真寺边上已耸立起一座巨大的新塔，覆盖着流光溢彩的弧面玻璃，让它相形见绌。优雅的石头建筑已被现代港口的巨型起重机抢了风头。尤瑟夫当时走过的街道仍在那里，热闹依旧，只不过现在已经换了名字。在 20 世纪 40 年代的黑白照片上，可以看到一排排的商店，还有戴着帽子、穿着肥大裤子的工人以及英国士兵，但照片仅仅记录下了表面的情形，无法传递真实的感受。城市里重要的人，也就是那些忙于日常工作的普通人，往往不认为自己或自己的工作值得记录，也没有留下什么痕迹。

有个地方倒是保存了海法阿拉伯区的记录——哈加纳的档案。哈加纳是犹太人在独立战争前的地下军事组织，下设情报处，名为信息服务处，里面的军官们密切留意着该城市的阿拉伯区。他们对于情报的界定似乎比较宽泛，收集了一些有趣的生活细节，把信息整理后用希伯来语打出来。现今这些资料装满了数十个纸板箱和棕色文件夹，保存在特拉维夫罗斯柴尔德大街边上一栋漂亮的老楼中。

幸亏有这些文件，我们才有可能想象 1948 年 1 月尤瑟夫眼中的这些街道。那是港口附近满身泥垢的工人出没的地方，不时传来"店伙计的吆喝声、打牌者的咒骂声，夹杂着电台中刺耳的歌声"，乞丐们"念着《古兰经》经文，对路人说着吉祥话"；市场上人流涌动，摩肩接踵；妓院街上女人们站在门口搔首弄姿；稍微雅致点的去处离码头远些，还要往里走走。如果你要找家咖啡馆——也就是说，要听点政治消息、弄点大麻或黑市武器，你可以考虑这些地方：

考卡布·阿尔沙巴，意思是"启明星"，也是"地痞流氓日常碰头的地方"。店面位于国王街 28 号，老板叫卡西姆·贾比尔，是位穆斯林。店里提供音乐和酒水。

乔治咖啡馆，位于艾伦比街 1 号，店主叫法杜尔·贾米勒·卡瓦尔，是位基督徒。民族主义活跃分子和政治煽动者常在该店聚会。

温莎咖啡馆，店主叫查尔斯·布塔吉，20 世纪 30 年代末阿拉伯起义期间曾捐款购买武器。

法里德咖啡馆，位于瓦迪萨利卜街 28 号，店主法里德·沙班·哈吉·艾哈迈德，是耶路撒冷穆夫提① 领导的穆斯林强硬派的狂热支持者。

某咖啡馆（店名不详），位于迦密大道 28 号，店主乔治·舒茨是瑞士人，曾被怀疑替德国和意大利从事间谍活动。其妻子罗西塔是匈牙利犹太人，后改信基督教。该店是"反犹太复国主义的常规宣传场所"。

寡妇巴蒂耶经营的一家店面，在英国警察和"一些人品未知、意图不详的戴面纱的女人"中颇受欢迎。

终于，尤瑟夫抵达了旅行社的店铺，并且没有引起任何人的注意。但第一轮波折正等待着他·店里没人，大门紧闭，屋内一片漆黑。他发现附近的许多商店都关门了。经历了前一天晚上的枪林弹雨，店主们十分害怕，不敢出门。他需要那张机票，只好干等着。他站在人行道上，脚边放着手提箱，这时一位年轻人大步朝他走来，用阿拉伯语问他："你从哪里来？"

耶路撒冷。尤瑟夫回答时说的是耶路撒冷的阿拉伯名"Al-Quds"。他说他正在等旅行社开门。

不，年轻人盯着他说，我不信。

---

① 穆夫提是负责解释伊斯兰教法的教法官和宗教领袖。

尤瑟夫有些慌了。他模仿的是耶路撒冷阿拉伯人的口音。也许是他的母语方言暴露了，也许是因为他的外表。但此刻逃跑是最危险的，所以他尽可能地回避问题，直到那个怀疑他的人不满地离开，消失在拐角处。

很快又有一个人走了过来，是一个在海法阿拉伯区街头兜售小杯黑咖啡的小贩。小贩似乎很友好。听着，他小声对尤瑟夫说，有人正密谋杀你，快走。

尤瑟夫身后的商店仍然大门紧闭，完全不见旅行社职员的踪影。

你根本不知道这里的情况，小贩说，每个人都可以自己作主，是法官，也是刽子手。他们想做什么就做什么，没有什么能阻止他们。

事情就是这样朝着不利的方向发展，就像游泳者的腿被水流紧紧缚住，越挣扎越紧，直至被拽入水底。此刻必须保持冷静，相信自己的谎言。对于尤瑟夫而言，风险变得清晰起来。一张张面孔在脑海中浮现——那些人曾在他面前谈笑风生，如今却都覆上了一层不祥的阴影。如果他搞砸了，这些都将成为昭示他宿命的图像。

三周前，哈加纳的一支队伍窃听到了阿拉伯方面的电话——雅法市阿拉伯民兵组织两名成员之间的紧急通话。这是战争爆发的第二天，1947 年 12 月 20 日下午 3 点 15 分。

法亚德：我已将两个怀疑是伊拉克犹太人的年轻人送到你那里。你要提审他们，然后决定下一步该怎么做。

阿卜杜勒·马利克：人已经送到了。他们的阿拉伯语说得很好，很难确定他们是不是犹太人。我尤其怀疑瘦的那个。我让他们做祷告，他洗脸的方式①不对。他们会一直关在这里，直到我们弄清楚他们的身份。

民兵抓获了两名嫌疑人，都是年轻人，穿着像工人。他们讲阿拉伯语带有伊拉克口音，但这并不罕见。英属巴勒斯坦到处都是来自阿拉伯世界其他地方的工人。他们看起来和大街上的其他人别无两样。两个年轻人唯一的错误，似乎是在当地的一个阿拉伯邮局往犹太城市特拉维夫打了个电话，这一跨越民族界限的通信并不寻常，引起了电话交换台的一名阿拉伯间谍的注意。间谍向民兵组织报告了此事，到了下午3点左右，二人就被审讯了。

为了验明两人的身份，民兵阿卜杜勒·马利克命令嫌疑犯做穆斯林祈祷前的小净，这是所有穆斯林都知道的事情：洗手、漱口、净鼻、洗脸。其中一人做错了。但是两个人都说着当地阿拉伯语，坚称自己是穆斯林。目前仍未能确认他们是阿拉伯人还是犹太人。下午6点45分，他们的第二次通话被窃听：

阿卜杜勒·马利克：把这两个年轻人带到旅馆，关进不同的房间。安排一个讲希伯来语的人，跟其中一个睡在同一个房间里。到了深夜，让他和嫌疑人讲希伯来语。要是嫌疑人是犹太人，他在睡梦中就会用希伯来语回答。另一个房间中的嫌疑人也如法炮制。

---

① 穆斯林祷告前的清洁仪式之一。

阿卜杜拉：好主意！我们就这么办。

阿卜杜勒·马利克：他们现在在做什么？

阿卜杜拉：他们在嘤嘤，好像是饿了。

阿卜杜勒·马利克：我们得给他们吃的，直到弄清他们的身份。

也许其中一个自称阿拉伯人的年轻人确实在睡梦中说了希伯来语，或者因为其他原因，他们后来暴露了。接下来发生的事情我们无从得知，只知道最后民兵枪杀了一人，当头敲死了另一人，并把两人一起埋在城外的某处沙丘里。直至 30 年后，建筑工人才发现了他们。将近 60 年后，到了 2004 年，他们的身份才得以确认。两人分别叫吉迪恩和大卫，遇难时都年仅 20 岁。

12 月 22 日，两人在雅法被捕两天后，一名 19 岁的流动小贩也在洛德（Lod）镇附近被捕，情况与此类似。刽子手们把尸体藏得很严实，一直未被人发现。直到第四个伪装者在雅法附近被捕，才有媒体报道——12 月 24 日阿拉伯报纸《人民报》（*Al-Shaab*）报道，民兵抓到一名说阿拉伯语的犹太人，此人自称是理发师，还试图通过背诵伊斯兰教清真言（shahada）来证明自己是穆斯林。他诵念道：万物非主，唯有真主；穆罕默德是真主的使者。民兵本想在树林里枪杀他，但考虑过后将其移交给了英国警方，这使这个犹太人侥幸活命。四天之内，四人被捕，三人被杀。任何人只要把阿拉伯人这边的各个事件稍稍联系起来，都能看出犹太人似乎在酝酿着什么计谋。

三周后，在海法市，尤瑟夫被盯上他的男子盘问了一番，又被咖啡小贩警告了一下，他心里明白，必须离开这条街了。先前上头要他去当个侦察员，还说他抵得上一个"步兵营"。但他甚至都没能离开海法。他跟着咖啡小贩来到附近的一家肉店。他走进门时，发现老板是基督徒，因为店里有猪肉，还有一个装满啤酒的冷柜，这些都是伊斯兰教禁止的。

请坐，肉店老板说，告诉我你是谁。

他拿出了护照，上面的名字是尤瑟夫·艾哈迈德。他告诉老板，他要赶飞机离开巴勒斯坦。英国控制不住了，一切都在瓦解，很快所有的边境都将关闭，这座城市的机场虽然简陋，但还有客机起飞。

老板用他店里的电话拨了一个号码。尤瑟夫得知电话那头是旅行社经理，对方还在家里，不会去上班了，因为街上太过危险。但是经理确认了尤瑟夫的预订，并建议他直接去机场，在那儿取票。问题似乎解决了。但就在老板挂断电话的时候，先前在街上和尤瑟夫搭话的男人带着一个同伙出现在了店里。他们是冲着尤瑟夫来的，显然不怀好意。

男人的同伙指了指尤瑟夫。啊，这个人，他告诉同伴，不用管他，我认识他，他来自……他指认尤瑟夫来自某个阿拉伯城镇。

尤瑟夫识破了其中的圈套。那人是想让他情急之下随口附和，而忘记这与他先前说的来自耶路撒冷相矛盾。

尤瑟夫说，我不认识你俩，我来自耶路撒冷，只是经过这里。

这两个人命令他从店里出来，但是老板打断了二人的话：这个年轻的陌生人在他的商店里，并受他的保护。

即使你不同意，他也得出来，哪怕动粗。第一个人说着，拔出了手枪。老板也拔出自己的手枪，让尤瑟夫躲在冷柜后面。然后店里涌进来更多的人，他们不希望惹出麻烦，就把两边的人拉开了。那两个人消失了，再也没出现过。尤瑟夫至今不知道这两人因何盯上他。

他的救命恩人——肉店老板叫了一辆出租车，然后和他一起在附近的咖啡馆等着，以确保他安全离开。这时又过来一个人，跟他们坐在一起。

尤瑟夫表示要请客。他很明白这时要表示一下自己的慷慨和感激，于是问他们要喝点什么。

刚来的那个人是穆斯林，解释说平常他不喝酒。不过他又说，就冲着35个犹太佬，他今天早上要破例喝一杯啤酒。

尤瑟夫没听过这则消息，也不确定这个人说的是什么。在耶路撒冷南部一块被围困的犹太飞地附近，阿拉伯人取得了新的胜利，至少人们是这么说的。35名犹太士兵无一存活，那人咧嘴笑着说。尤瑟夫尽量让自己看上去和其他人一样高兴，尽管他并不相信，但很快就发现这是真的。有一个排的人试图给飞地解围，却遭到了伏击。犹太战士中有一个17岁的男孩萨巴里（Sabari），来自也门，曾与尤瑟夫他们一起训练，之后不久就被调到了战斗部队。

咖啡馆里的所有谈话都围绕着这场战争，此时战争还处在第一阶段，也就是巴勒斯坦境内犹太人和阿拉伯非正规军之间的内战。战争发展到第二阶段是在四个月后，那时英国人刚撤离，阿拉伯国家的正规军就汹汹来袭。眼下犹太人的数量远不及阿拉伯人，许多定居点已被隔绝。阿拉伯村庄的民兵正在行动，耶路撒冷的穆夫提在协调策划，著名的指挥官阿卜杜勒·卡德尔·侯赛尼

（Abd el-Qader el-Husseini）正带领他的武装部队"圣战军"（Holy Jihad）追击犹太人。而犹太人的王牌——哈加纳当中被称为"帕尔马赫"（Palmach）的精英部队，正在加利利（Galilee）被围困的定居点附近苦战，在沿海平原到耶路撒冷的道路上遭遇伏击，死伤惨重。勇敢的犹太青年或尸横砾石，或被烧死在装甲卡车里。英军参谋部对比了敌对双方的力量，预测阿拉伯人会获胜。尤瑟夫给肉店老板和那个咧嘴笑的人点了酒，他们一起喝着，直到出租车开了过来。

尤瑟夫终于抵达了机场，他走进航站楼，来到售票处排队。他就要成功了。但是排在队伍前面的一个人转过身来，正好看见他，尤瑟夫立刻紧张起来。此人是叙利亚犹太人，认识尤瑟夫，知道他不是什么来自耶路撒冷的巴勒斯坦穆斯林，而是来自大马士革的25岁犹太人——迦玛列·科恩。

迦玛列（尤瑟夫）感到一阵眩晕，候机楼里的场景开始变得模糊虚幻。恍惚之中，他没有理会这个人，假装从未见过，除此之外也没什么办法。上了飞机，迦玛列（尤瑟夫）坐在后排，尽可能远离这个新出现的威胁。飞了半小时，飞机砸上了跑道，摇摇晃晃，螺旋桨轰轰转了一阵，终于停了下来。透过椭圆形的舷窗，他看到了贝鲁特。

他以最快的速度坐上出租车逃离，把那位熟人抛诸身后，出租车穿过黎巴嫩山和圣乔治湾之间的高地上挨挨挤挤的一栋栋楼房、一条条大街和有轨电车，最后停在离市区中心不远的地方。街道从星星广场向外辐散开来。

我只来过贝鲁特一次，是在2002年，当时我持的是中立国护照，同样乘着出租车从南部郊区的机场抵达市中心。几天时间里，我穿行于咖啡馆林立的优雅大道，以及满是小车库和宗教海报的破旧老街。这里生气勃勃，让我想起了特拉维夫——阳光照耀下，同样有欢乐祥和，有焦躁不安，有趾高气扬；同样有对生命的崇敬和对厄运将至的畏惧；同样的人在伊斯兰内陆和地中海之间攒动，在建筑群和海水之间的一条沙滩上汗流浃背。我想，在故事发生的年代，这里也大抵如此。

在黎巴嫩首都，刚从法国殖民统治下独立出来的政府只是偶尔发挥些作用。该市的居民混杂，有讲阿拉伯语、亲法国的基督徒，有亲叙利亚的逊尼派穆斯林，也有来自乡下的贫穷的什叶派移民，还有亚美尼亚人和希腊人，各种族群相互交错，多有重叠。其中又有共产党员、阿拉伯民族主义者、资本家、享乐主义者和各种派别的伊斯兰主义者。街上有许多陌生人，口音未知，背景不详。那个身着新西服、神色紧张的年轻人，不过是其中一员。

他将用阿拉伯语写信，寄到海法的2200号邮箱，收件人是"我的朋友伊斯玛仪"。黎巴嫩和巴勒斯坦之间的边境还开放着，邮政系统仍在运转，他们也只能使用这种原始的方式。之前他拿到的钱很少，也习惯了和别人合住在工人旅社。但是到了这里，他多付了些钱一个人住。你无法知道自己说梦话时会讲些什么，会说什么语言。

……

第一次试探十分短暂——一个月的时间，他独自行动，叹服于法国人留下的林荫大道和电车线路，惊讶于枪声和爆炸声杳无踪迹（先前在家时，这些声音不绝于耳，他已经习惯了）。贝鲁特距海法海岸仅约 130 千米，却对本国南面日益激烈的战事浑然未觉；而浑然未觉正是贝鲁特最突出的特点之一。他试图按照之前被告知的方式进行交流，但寄给"我的朋友伊斯玛仪"的几封信都没有回音，于是他南下走陆路越过边境，回到巴勒斯坦。他不得不亲自接头，以取得更详细的指示，还有更多的钱。

回到犹太城市特拉维夫之后，他发现人们要比他一个月前离开时更惶恐不安。如今让犹太人陷入恐慌的是炸弹卡车。迦玛列（尤瑟夫）到达特拉维夫之前不久，"圣战军"里的阿拉伯工兵在耶路撒冷市区引爆了偷来的英国军车，爆炸夷平了周围的建筑物，炸死近 60 人。犹太人对阿拉伯人的恐惧比以往任何时候都更强烈。

迦玛列（尤瑟夫）现在到了特拉维夫大街上的一座小公园里，公园里有包豪斯风格的建筑和希伯来语的标识牌。他坐在长凳上，旁边是一位年轻女子。女子问他几点了，这时两边突然有两个男人朝他扑来，将他从长凳上拉起，塞进停在一边的汽车，尤瑟夫的头被按在座位上，眼睛也被蒙住了。他感觉有把手枪抵在他的腰间。他用希伯来语抗议，但他们不听。因为有些阿拉伯人也会说希伯来语。

他的西装被汗打湿了，当时天气异常地暖和，而那些人又始终关着车窗。他们四处兜圈，直至他失去了方向感。经过一个半小时的痛苦煎熬，他们才终于停下来，打开车门，让他站起来。当时他在哈亚康（Hayarkon）街 123 号的海滩附近，也就是现在喜来登酒店的所在，但眼睛还蒙着，所以这些是后来才知道的。绑架者赶着他走下一段楼梯，停了下来，然后将他推进一扇门。当眼罩被摘下时，他用阿拉伯语骂了一句"kus emek"，这句脏话又恶毒又解气，所以被希伯来语吸收进来，对犹太人和阿拉伯人同样有效。

迦玛列首先看到的是一张笑脸，这是他认识的一位帕尔马赫指挥官。旁边还有几个他不熟悉的人。但迦玛列在这间公寓里捕捉到了熟悉的特征：这里有没洗过的茶具，香烟腾起的烟雾，希伯来语报纸，还有藏在壁橱里的武器。这是犹太地下组织领导人的藏身之处，他们就在这样的地方组织战争，躲避英国警察的追捕。他理了理衣服，竭力让自己恢复平静。

指挥官转向把嫌疑人带进来的两个暴徒。你们弄错了，他笑着说，这不是敌人，是阿拉伯分部的人。

2. 营地

　　这名特工先是被阿拉伯人的探子怀疑他不是阿拉伯人,然后被一名犹太人认出他是犹太人,接着又被怀疑是阿拉伯人的犹太人抓住,现在终于回到了朋友们的身边。他们在基布兹扎营。这里地处沿海平地,一度疟疾流行。所谓的基布兹,只是围着一座水塔搭建的帐篷和棚屋。阿拉伯分部的人不断换地方落脚,但营地却是差不多都像这样。

在这里，他们只能睡在垫子上，有时垫子里就塞些玉米壳；他们带着各种伪装用的服饰，是从雅法的跳蚤市场买来的：有乡下人常戴的阿拉伯头巾，有工装衬衫，有阿拉伯人和犹太人都会穿的廉价的弗兰基西装，不论在哪一边都不会引起注意。由于撤离已近尾声，英国人已不太可能突然前来搜查犹太地下组织，但为防万一，他们还是将军火隐藏起来。

萨姆安老师也在那里。他举手投足间带着英伦范儿，拥有一小批阿拉伯语图书，身边围着一群无家可归的男孩，都是他从贫民窟、公社农场和帕尔马赫的作战部队那里捡来的。这些男孩在东欧犹太人中非常显眼，因为他们的肤色和口音迥然不同。大多数孩子的父母远在国外，他们甚至根本就没有父母。阿拉伯分部就是他们的家。

以撒、亚库巴和哈巴谷也在那里，加上刚回来的迦玛列，这就是我们的四位主人公。除了以撒，另外三人恰巧拥有同样的姓氏——科恩，但这个姓氏在犹太人中很常见，他们并非出自同一家族，甚至来自不同国家。我之所以写这几位特工的故事，是因为他们或单独或共同参与了这场战争中的一些关键事件，而且留下了最丰富的回忆和评述；也因为他们每个人的故事都引人入胜，且各不相同。哈巴谷出生在也门，性格温和，喜欢静静观察。以撒是阿勒颇一名看门人的儿子，勇悍过人，像个不甘被霸凌的小男孩，又有一往无前、勇攀高峰的决心。亚库巴在耶路撒冷犹太区的一座菜市场附近的街道上长大，脾气阴晴不定，却异常勇敢。而迦玛列则小心谨慎、最为睿智，也只有他上完了高中。

营地还有个叫大卫的人，绰号"达乌德"①，已经有了老婆，女儿很快就要出生，但他后来却从没见过。还有个叫以斯拉的人，很会耍宝逗乐，最出名的是让伙伴们狠揍自己，以训练对于酷刑的忍耐力。据说他还狠攥着自己的睾丸，嘶吼道："我就不说，我就不说！"同伴们经常笑得前仰后合；但如果知道他后来的命运，他们恐怕就笑不出来了。还有两名年轻点的预备队员来自大马士革，分别是"破坏者"瑞卡和他的朋友"红发"博凯，之后他们各有故事，一个英勇，一个惨烈。

关于犹太地下军事组织的这个奇异的角落，瑞卡后来这样描述道：

> 周围回荡着聒噪的阿拉伯音乐，是从一台老式留声机里传出来的。留声机架在一把快要散架的椅子上。两个衣衫破烂的年轻人站在倾斜的地面上，各自把着西洋双陆棋棋盘的一边，紧盯骰子，嘴里大呼小叫，喊着点数。空气中混杂着希伯来语和阿拉伯语。几个"知识分子"坐在"安静"的角落里，看着一份阿拉伯报纸……毫无疑问，我们所在的营地，属于帕尔马赫的阿拉伯分部，即"黑人分部"。

这支队伍有时被称为"黑人分部"，是因为当时帕尔马赫队伍里多为东欧犹太人，巴勒斯坦地区犹太人口中大多也是东欧犹太人，而中东地区的犹太人有时被称为"黑人"。这个称呼算不算幽

---

① 应为"大卫"（David）的阿拉伯语说法。

默，现在很难衡量，即使在当时，似乎也有人不喜欢。于是，希伯来语中表示"黑色"的单词"shachor"被一个拼写极为近似的词"shachar"取代了。"shachar"意为"黎明"，因此该组织的正式名称成了"黎明分部"，或者简称为"黎明"。这个名称出现在间谍们留下的许多纸质报告中；在他们出境展开行动之后，"黎明"也出现在加密无线电通信的记录当中。但人们最常用的还是"阿拉伯分部"，这也是我在后文中采用的名称。

当迦玛列出现在营地时，人们都很意外，因为没有收到他从贝鲁特发出的信，大家都担心他已经被捕，这么一来死亡人数就升至四人。阿拉伯分部早已做好心理准备，其他分部亦然：独立战争最初几个星期是黑暗的、无望的，帕尔马赫的每一支队伍都有人死去，

甚至全国各个组织也都如此。犹太人口中的以色列故土 ①——那个
充满希望的小小世界——快被扼杀了。

战前那几年里还算平静，迦玛列和其他几人已经在学习相关的
本领。他们悄然进出巴勒斯坦一带的阿拉伯城镇，练习方言，琢磨
哪些手段能骗过他人，哪些不能，并且为哈加纳的情报部门收集零
散信息。此时有远见的犹太领导人已经预见到战争即将来临，犹太
人正在为战争做着准备。特工们有时会带回一些有军事价值的信
息，比如关于纳布卢斯（Nablus）镇武装集会的描述，以及阿拉伯
民兵领袖对群众的讲话：

> 独立不是靠施舍，而是靠武力，我们必须向世界证明，靠
> 自己能独立！

这些信息有时是关于阿拉伯社会或者民众情绪的印象，类似于
第二次世界大战期间英国的"大众观察"，当时的公民间谍会报告
各种谈话和流言，以帮助判断公众舆论的方向。如果阿拉伯分部的
特工刺探了主麻日（星期五）村子里清真寺的聚礼，他就会汇报布

---

① 就像这个故事中的大多数角色一样，这个神秘的地方有多个名字。在
1917 年至 1948 年英国人统治期间，它被称为巴勒斯坦。一些阿拉伯居民也使用这
一名字——阿拉伯语中叫"菲利斯丁"（Filastin），但许多阿拉伯人反对西方国家
强加的边界，认为自己属于更大的阿拉伯世界或者伊斯兰世界。犹太人将这片地方
称为"以色列故土"，或者直接称为"故土"。用"巴勒斯坦人"来指代巴勒斯坦
地区的阿拉伯人还是后来的事情，正如"以色列人"一样。在这里，我用当时他们
称呼自己的方式来称呼他们——阿拉伯人和犹太人。（作者注）

道的大致内容：

> 这次布道没有一句涉及政治，只是讲了从每年收成中拿一些做慈善，并且要交天课，用以赈济穷人。

有时候报告的是埃及歌舞片受欢迎的情况，如《安塔尔与阿布拉历险记》：

> 他们热爱这部电影，里面的歌曲人人都在唱。

有时描述的是罢工的情景：1947年夏天，独立战争爆发前几个月，海法的阿拉伯领导人发起了一场罢工罢市运动，反对犹太人的政治诉求。

> 我看到一群小子，有二三十人，其中六个人是领头的，25岁到30岁的样子。他们在附近走来走去，口中喊着："谁要敢开店门，谁就是婊子养的！"我兜转了大约一个半小时，他们用棍棒打砸路过的每一辆犹太人公交车。车开远了，这群孩子就扔石头，砸破了几扇车窗。领头的试图阻止这种破坏行为。这群人走到卢卡斯街和芒廷大道的拐角处时，看到一辆装甲警车，便立刻分头逃窜。

有时他们带回来的根本就不是情报。比如，萨姆安老师对阿拉伯谚语感兴趣，便让他们尽力收集，表现最突出的人会得到奖励，获得一瓶苏打水或者休息一个上午。以撒也由此养成了习惯，多年以后，他出版了一本小书，里面包含几百条这样的谚语：

饱汉不知饿汉饥。

骆驼一倒，引来尖刀。

1948 年 2 月迦玛列短暂地回到那里时，一切想必显得遥远而陌生、无聊而愚蠢；战争开始头十周，营地生活已经面目全非。身陷重围的犹太军队需要大量情报，幸存的情报人员已无法应付。他们争分夺秒地把握事态的发展，弄来情报，类似这些来自雅法的消息：

车牌号 6544 的私家车是为（阿拉伯）国民议会服务的……

罢工期间，成年人收到传单，上面禁止 15 岁以下的孩子外出。

曼西亚社区，许多家庭携带财物出逃。

一名阿拉伯男子在谈话中表达了自己的观点：暴乱将至。

晚上 7 点，在萨拉梅街上，25 个身穿卡其色制服的年轻人分成了 5 支小队，每队 5 人。

从这些简洁的字句当中，我们可以想象出这样的画面：一名男子坐在廉价的咖啡馆里，或者坐在邮局的台阶上，抽着烟，环顾四周，看似随意地问路人：你怎么看？还会有更多的流血事件吗？

迦玛列回来后没有在营地逗留，很快就离开了，再也没回来。

同伴离开了，剩下的人似乎也不会多想。几个月后，贝鲁特成为情报行动的中心。他们是否知道迦玛列在那里？我们也不清楚。这个组织管理混乱，也没有明确的分工，不过作为特工，对于执行什么任务、用什么化名都要守口如瓶。况且此时巴勒斯坦地区事态已经很严峻，还在持续恶化，阿拉伯分部的其他人都有更迫切的关注。

1948 年的战争并非一场棋局。但如果把它看成棋局的话，那么迦玛列就是被移到棋盘一角的"主教棋"，指望着以后能派上用场。

3. 修车行

迦玛列动身回黎巴嫩首都时，以撒正被派遣去往海法的另一头。他步行离开犹太区，溜过防线，进入阿拉伯区。根据先前得到的情报，说是有一家店面，阿拉伯战士在那里修理武器。

他带着身份证件，化名阿卜杜勒·卡里姆，沿着拿撒勒街往前走。这是条工业街，顺着海岸平行延伸，边上是一片穆斯林墓地。这座城市到处都是外来工人，他们被英属港口的繁荣吸引而来，挣着微薄的薪水，住在破烂的地方。没有人注意到这样一位身材矮小但体格健壮的男人。他留着小胡子，戴着圆眼镜，穿着一身脏兮兮的工作服。

以撒还没赶到那家可疑的商店，就被别的东西吸引了。那是一辆卡车，停在拿撒勒街的一家修车行里，用帆布半盖着，车上刚漆上了鲜红的十字，像英国军队用的救护车。他不明白，为什么卡车上要画着红色十字？为什么这辆卡车停在阿拉伯人的修车行里？于是他搁置了原来的任务，返回犹太区报告了此事。情报人员动用了各种渠道，幸运地得到了一条比修理武器的商店更重要的消息：以撒看到的是一辆改装车，周六晚上要载着炸弹驶入海法的犹太区，开到一家拥挤的电影院——奥拉电影院，在那里引爆。

以撒再次回到修车行侦察。这一次，他带上了化名为贾米尔的亚库巴。哪里要动武，亚库巴就会被派到哪里。亚库巴就是我们要说的第二位特工，他在耶路撒冷长大，有12位兄弟姐妹。据他自己描述，小学时他是"黑人孩子王"，而黑人孩子就是指中东犹太家庭的小孩。跟他们对立的团伙，老大是个姓托宾豪斯的，他父亲是国民公交合作社的司机，属于欧洲犹太复国主义者这一上层阶级。他们当时应该是在11岁左右。托宾豪斯身材高大，亚库巴却十分矮小，但是这个"黑人孩子王"身怀绝技："我扔石头很准，他却不行，还笨手笨脚的。而且我还有另一门看家本领——咬人。"17岁时，亚库巴加入了帕尔马赫，开始了真正的战斗生涯。他的个性在这张照片中有所显露。

这两名特工假扮成阿拉伯人，走在拿撒勒街上。他们发现那家阿布沙姆（Abu Sham）修车行是个院子，三面围墙，仅能通过一扇门走进去，那辆可疑的卡车停在一个棚子旁边。他们闻到了新油漆的味道，并且认出了站在卡车旁的男子，那是一名指挥官，统领着活跃在海法的阿拉伯战士组织。他俩继续往前走。

周六就快到了，对于海法总部的犹太人指挥官来说，时间所剩无几。当时是 1948 年 2 月，他们没有飞机、大炮，甚至连称得上军队的组织也没有。就算有这些，他们也不会动用，因为当时英国人仍然掌控一切，试图压制冲突。此时犹太人只能秘密采取行动。指挥官们最终决定用自己的汽车炸弹，引爆阿拉伯人的汽车炸弹。

装配炸弹不是问题，关键是如何将车开进阿拉伯区，停进修车行，再安全离开。指挥官把任务交给了这两位熟悉情况的特工：亚库巴负责驾驶装有炸药的车，以撒则开另一辆车用于逃跑。然而，计划本身就存在缺陷，首先是他们根本没有汽车，阿拉伯分部当时甚至连电台都没有。就在不久前，他们需要相机来执行某项监视任务，还得从熟人那里借来一架米诺克斯相机[①]。

最终汽车从何而来，众说纷纭。官方史书的说法是：几名特工在海法郊区发现了一辆车，并将其偷走，但最后不得不归还原主，因为车主是一位暴脾气的石油公司高管，有能力把车要回来。而亚库巴的说法则是：战士们劫持了一名英国军官的迷彩色道奇牌汽车。他们放走了司机，将车漆成黑色，还更换了车牌——但最终也没用成，因为亚库巴指出，当时全城的警察都在搜寻这辆车。最终他们还是找到了两辆别的车。一辆是奥兹莫比尔牌汽车，是从该市一位富有的犹太居民那里征用的，而车主并不热衷于支持同胞们的军事行动。这辆车是逃跑用的，所以他还有机会将车取回。另一辆

---

① 米诺克斯（Minox）相机也被称为美乐时相机，体积很小，是著名的间谍相机。

车用来装炸弹，至于是什么车、从哪里弄来的，记录里没有记载。如果一切顺利，这辆车将在周六下午灰飞烟灭。

计划的另一个缺陷是以撒本人，他负责开车逃跑，但却从未开过车。在阿勒颇的小巷，连自行车都是难以想象的奢侈品，以撒几个月前才第一次骑上自行车。但形势不允许任何人拖后腿。亚库巴在海法的理工大学（也就是后来的以色列理工大学）附近教以撒开奥兹莫比尔汽车，第一天教挂挡，第二天教打方向盘。以撒学会了打方向盘，但没学会换挡。

与此同时，其他战士正在理工大学的一间教室里组装炸弹，并把炸弹装到另一辆车上。他们事先让这辆车撞到墙上，把前车灯撞碎了一个，这样他们就能以修车作为合理的借口，把车开进那家修车行，也能留出足够的时间逃跑。他们没有引爆器，但有一名战士知道如何制造简易引爆装置：把一安瓿瓶的硫酸套进导管，导管另一头绑上一只避孕套。一旦把安瓿瓶掰断，约七分钟后硫酸就会蚀穿避孕套，点燃硝酸钾和糖的混合物，从而点燃通到前座的导火索，引爆后备厢里的炸药。

到了周五晚上，也就是爆炸行动前夜，由于做引爆装置时避孕套损耗过多，他们必须再买一些，但那天是犹太人的安息日，所有药房都关门了。一名战士打电话给他认识的药剂师，请求提供些避孕套，药剂师劝他要节制房事，但还是把东西送了过来。然而，新的避孕套却和之前的略有不同，这也许可以解释之后在关键时刻发生的事情。

战士们在改装汽车时故意弄断了后备厢的把手，使其无法打开。如果有人——比如说检查站的阿拉伯民兵、起疑心的维修工或是巡逻的英国士兵——想要搜查后备厢，他们就得放倒后排靠背。一旦如此，炸弹就会被引爆，车上人全都会被炸飞。指挥官们心意已决，要不惜一切代价完成这项任务。所有人都清楚这意味着什么，但亚库巴不懂得其中深意，直到队伍在理工大学集合，为他和以撒送行时，他才注意到有几个人已泪流不止。

其他战士组装炸弹时，亚库巴一直在阿拉伯区的检查站侦察。要抵达修车行，就必须通过这些检查站。检查站一共有三个。亚库巴每次都将车开至警卫跟前，友好地挥手示意，用阿拉伯语寒暄几句，开过检查站，晚些时候再折回，目的是在警卫那儿混个脸熟。短短几周，战事愈演愈烈，越境越来越难。"我们与阿拉伯人的联系严重受损，"一名犹太情报官员写道，他指的是为哈加纳情报处服务的阿拉伯线人，"阿拉伯人切断了联络，他们不敢再保持联系；道路被封锁了；雅法和特拉维夫几乎完全隔绝。与我们有联系的几名阿拉伯线人都被捕了。"情报工作需要的是双方搭界的模糊地带，而这种地带正逐渐消失。

这种情况带来的后果之一，就是不得不更频繁地伪装，双方也由此变得更加偏执多疑。一份犹太情报文件指出，有阿拉伯士兵穿着英国军服，伪装进入犹太地区，因此提出警告："我们必须假定，对方也会伪装成犹太人。"历史上确有过类似的事：1944 年，纳粹在巴勒斯坦空降了一支破袭小分队，由阿拉伯人和德国人组成，其中一名阿拉伯特工伪装成讲阿拉伯语的犹太人。

"任何陌生人，哪怕是阿拉伯人，只要出现在雅法、耶路撒冷老城、卢德（Lod）、拉姆勒（Ramleh）和其他阿拉伯区，都会被怀疑、被跟踪。"萨姆安老师在一份有关 1948 年战争最初几个月的内部文件中这样写道。他很清楚战士们还未准备好，而先前他还以为会有更多时间来训练他们。老师总会引用阿拉伯谚语，诸如：仓促是魔鬼的驱使；耐心是真主的恩赐。但是战争已降临，他们根本没有时间，只能任由魔鬼摆布了。

周六上午，这两辆车从犹太区驶出，进入城市外围的阿拉伯街区，亚库巴开车走在前面，车上装着炸弹，以撒开车跟随其后，几乎贴上了前车的后保险杠。以撒双手紧握方向盘，只挂了一挡行驶，因为他还不会踩离合器。

来到艾伦比街的第一座检查站，警卫认出了亚库巴，并问候了他：真主赐你平安。亚库巴则用阿拉伯语说，后面那辆车是和他一起的。

第二座检查站也顺利通过，到了第三座检查站，警卫挥手叫他们停下来。亚库巴的策略是先声夺人，这样能打乱对方的节奏。他把头探出窗外。

怎么是你在这？他对警卫大喊道，之前那个人呢？

他去吃饭了，现在是我站岗，警卫答道。

睁大眼睛，注意警戒！亚库巴命令道，好像他自己就是阿拉伯战士一样，还不忘补充道：后面车上是自己人。

就这样，他们顺利通过了关卡。到了修车行，以撒把车停在门外，亚库巴则径直开了进去。院子里还有几辆车，救护车就在棚子旁边，还是上次的地方，车上画着鲜红的十字。亚库巴把车开到救护车左边，车刚停好，就来了三名修车工，冲他大喊，让他离开。

等一下，怎么了？亚库巴一边下车一边问道，他在拖延时间。

他没想到这么快就有人围了上来。

修车工们神情激动，根本不理会亚库巴的问题。

把你的车挪开！其中一人喝道。

等一下，我想问一下，我——

问什么问？把车挪开再说！

亚库巴回到驾驶室，先倒车，又向前开，停在救护车的右边，再次熄火下车。那几个修车工还在大喊大叫，但他却置若罔闻，只是嚷嚷着要见老板。他在吗？他去吃饭了吗？附近有吃饭的地方吗？就这样绕了一会儿。但他拖不了多久了。

用来逃跑的车停在街上，以撒只能想象院里的情况。他知道肯定出岔子了。根据他先前接到的命令，如果过了十分钟搭档还没有回来，他就必须离开。现在十分钟早已过去了。

修车工问亚库巴从哪里来。亚库巴回答说从雅法来，这是特工们在海法执行任务时用的说辞。如果在雅法，他们就会说自海法。他开始大喊大叫，这倒不是演戏，他真的害怕极了——害怕被抓，害怕任务失败，几十条性命因此危在旦夕。不用你费心，他对修车工们喊道，见鬼去吧！有点教养！他想到什么就嚷嚷什么。

修车工们还是占了上风，最后他不得不回到车里，假装要离开。他不知道该怎么办。但随后修车工们转过身去，以为总算摆脱了他。那一刻就足够了。他从车前的杂物箱里拿出钳子，打破安瓿瓶。硫酸滴进了避孕套。还有七分钟。

他最后一次打开车门。我能在这儿喝杯水吗？他问道。一名修车工不耐烦地指了指水龙头。亚库巴走过去，绕过水龙头，匆匆穿过大门，跑回到街上。奥兹莫比尔汽车还在那儿，引擎还在轰隆作响。帕尔马赫向来视友情高于命令，所以以撒从未想过独自离开。他移到了副驾驶位，因为现在需要的是真正会开车的人。

　　亚库巴溜上车，坐上驾驶位，拍了拍以撒的膝盖，一脚踩下油门。离爆炸本来应该还有点时间，但汽车刚启动，地面就震动起来，一道冲击波顶到了汽车上，空中满是碎片。从迦密山高坡俯瞰，仿佛整个下城区都被炸飞了。巨大的爆炸过后，是一片可怕的寂静。两名特工从后视镜里看到一团黑云腾起，又渐渐散去。

4. 观察者（1）

当时最惊心动魄的事情倒不是在陆地上，而是在巴勒斯坦西边的海上。欧洲的犹太地下组织试图用老旧的货轮和客轮突破英国海军的封锁，帮助犹太难民偷渡。阿拉伯人对犹太人移民一事怒不可遏，英国人出于顾忌，拦截了偷渡船只，将船上的乘客押到塞浦路斯，关进拘留营，还在出发港对船只加以破坏，使得"弗里希"（*Vrisi*）号沉没在热那亚港，"泛新月"（*Pan Crescent*）号瘫痪在威尼斯港。

终于还是有一艘船成功抵达巴勒斯坦海岸，犹太战士们抢在英国士兵赶来逮捕乘客之前把他们弄下了船，转移到陆地。有时候，阿拉伯分部的人被派出去，并非作为间谍，而是作为帕尔马赫的普通队员。圣诞节前夕的深夜，"汉纳赫·西纳什"（*Hannah Senesh*）号的船长把船停靠在加利利区西部遍布岩石的海岸，当时迦玛列和亚库巴就在那里。之所以选这个时间，是因为驻扎在此的英国士兵想必已喝得烂醉，根本不会前来阻拦。他们花了好几个小时才把252名乘客弄上岸。这次会面想必非同寻常，一方是难民船上从未到过中东的犹太人，另一方是从未离开过中东的阿拉伯分部的犹太人。不过，他们全都过于激动，登陆时乘坐的小艇翻了几艘，有两名妇女逃过了纳粹的魔爪，却淹死在轮船和以色列故土之间的海浪中。其他难民则分成几个小队悄悄离开。亚库巴在回忆时，称之为"惊恐之夜"。

当时最著名的希伯来语作家内森·奥尔特曼（Nathan Alterman）将这一晚写进诗篇，使之永远流传。他描绘了年轻的帕尔马赫战士如何带着幸存者在海浪中跋涉，还嘲讽了英国人，把这艘孤零零的破船载着憔悴的乘客抵达一事歌颂为"犹太海军"的伟大胜利，是"犹太民族的特拉法尔加"①。在当时，乘船而来的犹太难民激励着巴勒斯坦犹太人铤而走险，其中就有阿拉伯分部的人；但他们也激起了阿拉伯人的恐惧。在雅法，一名阿拉伯分部的特工记录下了一张来自阿拉伯领导人的布告，上面警告说：这些难民是强大的敌人，是"经历过死亡、什么都不怕的人"。

以色列独立建国战争前一年的夏天，英国皇家海军在巴勒斯坦海岸拦截了一艘老旧的美国客轮，名为"沃菲尔德总统"（President Warfield）号。这艘载有 4500 名幸存者的客轮，用一家法国报纸的话说，是"水上的奥斯维辛"。乘客们用棍棒和瓶子与登船者搏斗，而英国海军打死了三名犹太乘客，打伤了数十人，后来船只被英军控制，拖进了海法港。这艘船曾被重新命名为"1947 欧洲出埃及"（Exodus from Europe 1947）②号。

从海法码头看去，可怜的犹太人如货物般被英国士兵卸下船。旁观的联合国委员会成员正在讨论着巴勒斯坦的未来，周围是一圈

---

① 特拉法尔加海战是 1805 年英国海军对法国海军的一场海战，英国大胜。

② 《出埃及记》是《圣经》的重要篇章，讲述了以色列人在耶和华（上帝）引领下离开埃及，摆脱为奴命运的故事，其中包括以色列人成功渡过红海的内容。

记者。他们目睹了英国士兵将这些幸存者转移至另外三艘船上，准备把他们遣送回德国。这次"出埃及"号事件被视为英国人溃败的标志，也是促使委员会支持建立一个犹太国家的事件之一。

当日的目击者还有一些工人，他们被某班船员雇用，去刮除船壳上的铁锈和藤壶①。港口的工人多是叙利亚人，来自贫困的浩兰（Houran）地区，而这班船员里则有巴勒斯坦阿拉伯人和少数埃及人。工人们晚上睡的是廉价旅馆，或是店主打烊后租出的商店地板，早上5点就要起身，6点赶到港口开工。他们整天在骄阳的炙烤下劳作，忍受着震耳的铁锤声，中途停下来吃点午饭，有皮塔饼、西红柿、洋葱和咸奶酪，然后一直干到傍晚。他们乐于见到"出埃及"号带来的刺激，聊以缓解艰苦乏味的生活。他们目不转睛地看着这艘船从他们身边缓缓开过，驶进港口。

我们之所以知道他们的所见所闻，是因为一位名叫易卜拉欣的目击者在日记中记录了当时的场景。他写道，这些工人"对犹太人的固执、精力和财富印象深刻"。他们看到的不像是满船不幸之人，哪怕这些人刚刚家破人亡，前途一片黑暗，最好的选择也不过是在阿拉伯世界抢到一个落脚点，周围强敌环伺。相反，工人们看到的是一个强大对手的精明举动。根据易卜拉欣的记录，一名工人看到大批犹太人涌进港口时，惊讶地说："这些犹太人上哪儿弄到的这么多钱？"

"连美国都是犹太人的呢。"另一个人回答道。

下班后，易卜拉欣通常会去一家对阿拉伯工人开放的体育俱乐

---

① 藤壶，一种有着石灰质外壳的节肢动物，附着于水下岩石或船底等，常形成密集的群落。

部，他在那里是公认的拳击好手。他详细记录了在健身房、港口和码头边的穷街陋巷里的所见所闻，哪怕都是些看似不重要的事。例如，某日在维克多咖啡馆，他看到两个浑身是血的人被拖了出来——一场牌局引发了争吵，继而演变为斗殴。人们聚拢过来，向打架的人扔鸡蛋，直到英国警察赶了过来才将他们驱散。他注意到椅子上、纸牌桌上和地板上都有血迹。"咖啡馆"一词并不都意味着安静的文化绿洲和优质的咖啡。有些咖啡馆是面向中产阶级的，但像他这样的工人常去的那种咖啡馆，其喧闹混乱的程度不亚于街头。地板鲜少清洗，苍蝇嗡嗡乱飞。这里很少看到女性，她们就算敢出门，也都会戴上面纱。只有在妓院街上，女人们才会坐在门口，频频呼唤，招揽客人。

能在港口找到一份工作已经算是幸运了，不管是做什么。然而工作通常十分繁重。更让易卜拉欣伤脑筋的是，阿拉伯船员身边有犹太工人。有些犹太工人似乎特意在折磨易卜拉欣的一位埃及朋友。"他们不停地打他，扯掉他的衣服，"他记录道，"而他微笑着接受了这一切。"他们对易卜拉欣和巴勒斯坦阿拉伯人稍微好些，但易卜拉欣有一次听到他们用希伯来语叫他"肮脏的畜生"，还开玩笑说他身上有虱子，他们以为易卜拉欣不懂希伯来语。

体育俱乐部的墙上挂满了运动员的照片，易卜拉欣和其他阿拉伯年轻人一起在照片下面练习拳击。有一次，易卜拉欣与另一名会员聊天，谈到暴力冲突的不断升级，巴勒斯坦的政治热度不断升温，人人皆知阿拉伯人正在武装起来准备战斗，犹太人那边也是如此。但是犹太人是懦夫——俱乐部一名会员对易卜拉欣说，他们埋伏在暗处偷袭，而阿拉伯人则勇于当面对阵。他还说自己渴望参战。

易卜拉欣问他，是否认为阿拉伯人已经做好了战争准备，因为在健身房训练的年轻人似乎对武器还一无所知。"比如我，就不知道怎么打枪。"易卜拉欣说。

"我会打枪。"那人说。

"谁教你的？"易卜拉欣问道。

年轻人说，他的堂哥是英国军队的士兵，休假回家时曾让孩子们玩过他的枪。还有一次，有个朋友拿了一把汤姆森冲锋枪来到体育俱乐部，给大家上了一堂速成课。

"但是我们没有枪。"易卜拉欣又说。

"枪有的是，"那人向他保证，"纳加达（Najada）的仓库里都是枪。他们正在训练，已经准备好了要对付犹太人。"纳加达是阿拉伯的一个民兵组织，是帕尔马赫的敌手之一。

晚上的拳击课开始，谈话也结束了。但就在那个周末，易卜拉欣去了纳加达大楼附近打探。那栋朴素的石头建筑共有三层，位于下城区的另一头，直到如今还矗立在拉什米耶桥（Rushmiyeh Bridge）附近的主干道旁。现在楼里有个犹太教堂，还有一块标志牌，标明这栋楼曾是阿拉伯民兵的据点，也是夺取这座城市时的战场。除此之外，现在这座楼和70年前易卜拉欣来到这里时毫无二致。

他毫不费力地走进大楼，看到一个双陆棋棋盘和一张乒乓球桌，还有一份由当地民兵指挥官签署的通知，命令手下的军官穿上制服，第二天中午到这里集中。易卜拉欣第二天又去了那里，看到了这些人。十几个男人看起来很有纪律性——胡子刮得很干净，皮鞋擦得锃亮。短暂的会议之后，民兵军官们解散，三三两两地进城去了。易卜拉欣没敢再跟着他们。

5. 猛虎

海法市的阿拉伯区濒临海边，居民分为基督徒和穆斯林，富人和穷人，政治温和派（包括一批温和的共产主义者）和政治上、宗教上的强硬派。强硬派大多支持耶路撒冷的穆夫提——二战期间一直在为纳粹服务的犹太人死敌，希望纳粹征服中东，驱逐巴勒斯坦的英国人和犹太人。在海法，来自巴勒斯坦其他城市和阿拉伯世界其他地方的移民远远超过了本地人。随着 1947 年到 1948 年初暴力的不断升级，海法下城区街头的人群中不断有外籍阿拉伯战士加入。

这座城市里最具影响力的领导人中有一名教士，全名叫谢赫 ① · 穆罕默德 · 内穆尔 · 哈提卜（Muhammad Nimr el-khatib）。在情报文件中，他被称为内穆尔，阿拉伯语意为"猛虎"。为了叙述清晰，下文我将称其为"内穆尔"。他在穆斯林兄弟会本地分会中颇有号召力，也是穆夫提的盟友。1948 年初，这位教士一直忙着组织战士，把他们武装起来，海法的民兵甚至一度将总部设在他的家里。

---

① "谢赫"是尊称，意为长老、教长、智者等。

英国人撤离之日越近，这个国家的矛盾就越激烈，内穆尔利用大清真寺的讲道坛来宣传"圣战"。我们之所以得知此事，是因为拜毯上一排排礼拜者当中，有一些人坐在前排仰视着讲道者，而他们本不应该出现在那里。

哈加纳情报处需要在清真寺安插眼线，监听教士的言论，以便掌握阿拉伯方面的情绪，评估暴力发生的可能性。对决策层而言，这似乎十分简单，但在外的特工过了好长时间才敢行动。他们脱掉了鞋子，混进穆斯林祷告的地方。

一名特工描述了某个周五第一次在雅法做祷告的经历：他刚开始的时候很镇定，但做完第一次跪拜礼之后就勇气全无。接下来他应该双手伏膝起立，再举起双手，摊开手掌。他周围是七百名真正的礼拜者。时局已然很紧张，一旦出了差错，没有任何人可以施以援手。他回忆道："一到那个环节，我就开始全身发抖，过了好一会儿才冷静下来，看了看周围。"似乎没人注意他。尽管这名特工全身而退，但档案记录里只是简单地提及他的名字；他可能不适合执行这种任务。

这些人当中还有迦玛列，当时他还没有前往贝鲁特执行其他任务。根据他的记录，内穆尔是"狂热的煽动者"，极具号召力，每次出现，清真寺里都挤满了听众，布道的时候"措辞强硬、言语激昂、反响热烈"。迦玛列是四名间谍中最理智的一个，他厌恶杀戮，甚至迫使分部的指挥官做出不同寻常的承诺，允许他永远不用杀人。但坐到礼拜者中间，听着攻击犹太人的号召，就连他也难以保持克制。在清真寺里，迦玛列的脑海中不时会闪过阴暗的念头：要是有一枚手榴弹该多好，或者任何武器都行。但他只是来偷听的。

开战之前的夏天，间谍们就对这位传教士有所了解——内穆尔的名字出现在一份报告当中，报告是有关穆斯林兄弟会集会的，长达五页。这份报告也是由迦玛列撰写的。他化名尤瑟夫参加了集会，看到这名教士对着人群讲话，身边围着几个大汉，貌似是保镖。根据报告，内穆尔之前的几个演讲者讲了很久，鼓动阿拉伯人拿出尚武精神，准备开战，还要求他们抵制犹太人的商品。但轮到内穆尔的时候，他只讲了七分钟，内容简明扼要。

演讲一开头，他就提及了两个人。第一个是"圣徒、英雄谢赫·伊兹·丁"（Sheikh Izz el-Din）——据迦玛列记录，讲到这里时，现场掌声雷动。伊兹·丁·卡桑是当地一名受人尊敬的"圣战"分子，十年前死于和英国人的战斗中。很久以后，他的事迹催生了奉行伊斯兰主义的哈马斯。为了纪念他，哈马斯用他的名字命名麾下的军队和火箭弹。[①] "第二种精神，"这名教士继续说，"来自我们的英雄和领袖——勇敢的穆罕默德·阿明·侯赛尼（Muhammad Amin el-Husseini）。"一听他提到耶路撒冷的穆夫提，两名男子兴奋地拔出手枪朝天开枪。内穆尔最后呼吁抵制"任何出售土地的人，任何与犹太人有接触的人，任何买卖犹太人农产品的人"。下午1点，聚礼结束了。

这位教士也留下了对这场战争的描述——《灾难的碎片》（*From the Fragments of the Catastrophe*），这份文件在当时十分重要，如今却几乎已被遗忘。纸页上密密麻麻的阿拉伯文字激情四溢，详细记

---

① 指哈马斯的武装"卡桑旅"和卡桑火箭。

述了内穆尔为准备军事行动、组织防御部队和购买武器所做的一切。当时武器很难买，因为人们正各自武装起来，拉高了黑市上步枪和手枪的价格。于是他转向邻近的阿拉伯国家，这些国家有自己的军火库，但它们从来只是提供一些老式步枪和不匹配的弹药。

这名教士希望从驻扎在城里的英国士兵那里购买枪支，有些英国士兵对阿拉伯人的事业抱有同情。但他发现，那些本可以支付军火费用的阿拉伯富人已经携款逃离了海法，到更安全的地方等待战争结束。来自本地和国外的阿拉伯匪徒横行霸道，当地居民惶恐不安，开始囤积食物。"每天，"他写道，"都有很多阿拉伯人死去，安全形势不断恶化。"内穆尔的回忆录描述了他在这场战争中经历的艰辛，愤怒与失望常斥于笔尖。这本书是后来写的，此时阿拉伯人已在追问事情何以变得如此糟糕。但在 1948 年 2 月，形势尚好，阿拉伯人还占着上风。正如间谍们所探听到的那样，此时这位教士的语气还是慷慨激昂、自信满满的。

犹太人明白海法港至关重要，也知道关键时刻即将到来。"如果我们只控制了特拉维夫和沿海平原的城市，那么我们最终只能有一个州、一片自治区，或者说一座隔都①。"一位报纸编辑在不久之后写道："如果拿下了海法，我们就会有一个国家。"犹太高级指挥官们认为时机已到。军事文件当中有一份单页文件，是用希伯来语打印的，标题是"椋鸟行动"。

文件中写道："任务：刺杀内穆尔。"

---

① 隔都（Getto），犹太人在其他国家的聚居区，或者被隔离居住的地方。

6. 以撒

"椋鸟行动"之前，监视那位教士最久的似乎是迦玛列这名知识分子型的特工。但暗杀命令一下达，他就销声匿迹了。跟踪的任务交给了以撒，他溜过边界线，到达港口附近的下城区。

以撒穿着平常的工作服，拿着身份证，上面的名字是阿卜杜勒·卡里姆，除此之外，他还拿了一纸袋瓜子，以便监视时有事可做。他坐在内穆尔公寓旁的路边，嗑着瓜子，俨然又成了阿拉伯街头的年轻人，仿佛还过着自己本该过的生活，从未逃离，从未改变，从未改名换姓，也从未加入什么情报机构——仿佛从未离开过家乡。

写了这么多，还没怎么谈及主角们的身世和他们将要做的事。这本书并非意在记录整个 1948 年战争，也不是要为阿拉伯世界的犹太人或是当时巴勒斯坦的犹太人"飞地"写一部历史。对于这些，已有不少史书进行了精彩的叙述。而我要写的，不过是以色列建国过程中那些间谍经历的惊险时刻，描绘他们如何在战争中越陷越深。对于以撒来说，阿拉伯街周围的一切毫不陌生。阿勒颇堡周围的街道错综复杂，有如迷宫，而他就在那样的地方长大。他还记得孩童时期的艰苦生活：在那里的犹太区，他们一家和其他十几个家庭挤在一个院子里，脏乱不堪，疾病肆虐，厕所在室外，里面满是老鼠，夜间如厕的经历实在是可怕。但并非所有回忆都是糟糕的，他仍记得阿勒颇的食物——不是富人们吃的那种用罗望子①调味的菜肴，而是吉卜赛人用牛粪烧火做的米饭和面饼。

但以撒在阿勒颇活得很卑微，这是事实。他生活在当地社会的底层，这一阶层在历史上一直被伊斯兰视为次等人，生活在人口占大多数的阿拉伯人的阴影之下。1756年，有一名英国人来到阿勒颇，他这样写道：这里的犹太男子留着胡子，女子穿着紫色拖鞋，阿拉伯语比希伯来语讲得更好，在穆斯林面前"受到的蔑视比基督徒更甚"。贫穷的犹太人是"所有人中最邋遢、最肮脏的"。

第一次世界大战后，法国的殖民统治改善了犹太人的处境，但以撒的父亲仍然记得，当时随便一个穆斯林行人都可以让犹太人让路，到街心的排水沟里行走。以撒的父亲是一所犹太学校的看门人，要打扫学校，冬天时还要摆放取暖用的煤炉。在阿勒颇，"看门人的儿子"不仅表明了身份，也预示了前途。只要得知这孩子是"看门人的儿子"，便知晓了他现状如何，将来怎样。以撒13岁时参加了受诫礼，那是他青年时期最重要的一天，有一张照片留存了下来。照片上，以撒和几个弟弟妹妹一起，穿着白衬衫和别人施舍的鞋子，没穿袜子。

① 一种乔木，结豆角样的果实，又称酸豆。

以撒逃离此地，最初是由于一名使者从以色列故土来到这所学校。自 20 世纪初，犹太复国主义运动就向各地的犹太社区派遣使者，暗中组织年轻人，呼吁他们回归故土。这名使者便是其中之一，他带来了振奋人心的消息。以撒和其他的孩子早已熟知《圣经》中描写耶路撒冷、伯利恒以及故土山河的那些段落。他们记诵经典必须用到两种语言：希伯来语是学习和祈祷的语言，阿拉伯语则是他们的母语。但正是这位使者让他们明白：这些地方是真实存在的，而不是在天堂里，他自己就亲眼见过。穿过石门，你就身处圣城之中。他泊山的确存在，先知底波拉和将军巴拉曾在山上集结军队，攻打迦南人。你可以攀登此山。以撒从未离开过阿勒颇，从未想过这一切。

使者还给孩子们灌输了"集体"这一概念，通过集体可以集中资源，改变命运。这个想法令以撒着迷。尽管自己买不起锯子、锤子和钉子，但他也许可以和几个朋友合买，组建一个木工社。这名使者必须谨言慎行——犹太复国主义在这里是危险的，何况此时犹太人在阿拉伯人中间的处境比以往任何时候都艰难。这段时间前后发生了很多事。1941 年，阿拉伯暴徒在巴格达杀害了近两百名与他们比邻而居的犹太人，尽管当时巴格达三分之一的居民是犹太人。在欧洲，民族主义的热潮让世居欧洲大陆的犹太人再无立足之地，迫使他们涌向巴勒斯坦。而犹太人在巴勒斯坦开辟的飞地又激发了阿拉伯人的民族主义情绪，使得阿拉伯世界的犹太人也失去了容身之所，最终也只得前往巴勒斯坦。对于犹太人而言，有一种他们无法控制、无法理解的力量笼罩在所有人头上。使者小心翼翼地说了这些话。

但是以撒听懂了。有那么一个地方，可以让犹太人和工人挺起腰杆，而他要去这个地方。他逃离阿勒颇时刚 16 岁，或者说他以为自己才 16 岁。以撒并不知道他的真实生日。后来阿勒颇的拉比①调查当地的割礼记录，才查到他实际上比自己以为的要大两岁。他没有告知父亲他要离开，也没法告诉母亲，因为他很小的时候母亲就去世了。对于欧洲犹太人而言，以色列故土遥不可及，但对于

---

① 拉比：原指犹太人对师长的尊称，后指犹太教中有资格执行教规、律法并主持宗教仪式的人。

阿勒颇的孩子来说并非如此。从谷歌地图来看，如今开车从阿勒颇到海法只需九小时零四分钟。以撒找了一个搞偷渡的人，付了点钱，趁着夜色偷偷越过边境。

阿勒颇那边的犹太区里，孩子们在窃窃私语，说那个看门人的儿子真这么干了，跑去加入了犹太复国主义组织，真是个英雄。

不过，当时是1942年，在以色列故土，以撒只能蜷缩在特拉维夫的市场街道，用板条箱装着青椒卖。每天一早，他按重量购入一箱青椒，接下来的一整天再按个数卖出去，赚点差价，挣到的钱只能勉强糊口。他跪坐在街边，从膝盖那么高的角度打量着这个新国家——欧洲式的裙摆和长袜，打着补丁的蓝色工作裤，白色长袍，还有曼彻斯特工厂生产的英国卡其布。

特拉维夫的历史不到30年，还没有定型，大街小巷满是背井离乡、形形色色的异邦人。希伯来诗人莉亚·戈德堡（Leah Goldberg）这样写道："当时屋顶上的旗杆／宛如哥伦布船上的桅杆／每只乌鸦栖于其上／宣示不同的海岸。"她回忆起炙热太阳下德国人与俄国人的声音，"异乡的语言／插进热浪之中／犹如冰冷的刀刃"。如果这位诗人低头看一眼以撒，会看到什么？在20世纪40年代，他不过是数百万人中的一个，仿佛海中的一片浮木。他算不上异邦人，他本就是热浪之子，一个卖青椒的阿拉伯男孩。

在以撒的厨房里，我坐在富美家餐桌边上，面前这个曾经的少年已经老去。我想让他谈谈在这个国家的最初那些日子。市场还在，你可以想象十几岁的以撒抱着板条箱蜷缩在角落的场景。从以撒的公寓开车到那个市场只要20分钟，这短短的距离，与他跨度巨大的人生经历形成了鲜明的对比。他现在还会到那儿去吗？他说有时会去，但没有再多说。我想对他而言，那段时光只是前奏，接下来的一切才是正章。在他看来，他所经历的一切，只是为了在世界上获得一点点力量，以主宰自己的命运，就像他的人民要主宰自己的命运一样。他可能不想详述自己最开始时有多么无助。

犹太复国主义青年运动的使者给他带来了救赎。那人四处寻找像以撒这样的孩子——他们刚从阿拉伯国家过来，靠当小贩为生，或者正陷于困顿。这名导师是个社会主义者，来自也门。犹太青年运动有一家俱乐部，里面摆着双陆棋棋盘，可能也有一张乒乓球桌，还挂着西奥多·赫茨尔①和卡尔·马克思的照片，放着几本《自我解放》和《犹太国》。这些书在各种演讲或意识形态辩论中都被大谈特谈，但真正读过的人却很少。

以撒的犹太复国主义意识就是这样形成的，也正因如此，他后来才会来到一座远离城市，名叫纳安的基布兹，和一群来自叙利亚的男孩一起在橙子园里拎着肥料——不是生活所迫，而是为完成让犹太民族在祖先的土地上重生这一使命。这就是哈鲁茨②的生活，他们是前驱，是先锋，他们开辟田地、建造房屋，为追随过来的犹太人创造一个国家。犹太复国主义者能以其特有的方式将屈辱化为理想：犹太人贫穷？——贫穷是尊贵的。犹太人在他国被驱逐？——没事，以色列故土才是他们真正的家，反正他们正要回到那里。犹太人是难民？——不，他们是先锋。这种绝妙的叙事拥有

---

① 西奥多·赫茨尔（1860—1904），奥匈帝国犹太裔记者，政治犹太复国主义的创始人。

② 哈鲁茨，犹太复国主义先锋，以色列农业居民点中最早移入的犹太拓荒者。

神奇的力量，在那个可怕的世纪当中，它使得犹太人摆脱受害者的困境，扭转了他们的命运。

以撒成了故事的一部分。更确切地说，他叫扎基·沙索，因为他在农场运肥料时还用着这个名字。取个新的希伯来语名，当成重生要做的事情之一，在当时蔚然成风，就像普朗斯克①的大卫·格鲁恩（David Gruen）改名为大卫·本－古里安（David Ben-Gurion 意为"幼狮的儿子"），后来成了领袖。那是一个自我创生的时代，有何不可呢？过去似乎不是那么美好。正如查尔斯·狄更斯所说，名字具有强大力量："家是一个名字，一个非常强大的字眼，远胜于任何巫师的咒语、神灵的回应。"新的名字会彻底改变你，为你创造一个家。

以撒找了个希伯来语单词——"索山"（shoshan），读音跟他的姓氏接近，是"百合"的意思。他也会用自己的希伯来语名的全称——以撒（伊兹哈克）。不是用阿勒颇犹太人常用的法式读法读成"伊－扎克（ee-zak）"（"扎基"就是从这个词派生出来的），也不像阿拉伯语那样读成"艾斯－哈克（ess-hak）"，而是像先驱们那样用希伯来语读成"伊兹－哈克（yeetz-khak）"②。这不是个阿拉伯城市贫民窟中孩子的名字，而是个希伯来勇士或《圣经》人物的名字。这就是当时的以撒。这时离独立战争还有两年，有两位陌生人来到基布兹，寻找曾经的那个男孩。

---

① 波兰城镇，本－古里安出生于此。

② 尽管读音如此，但本书仍译作"以撒"，这是经典中所用的犹太男子名的写法。

公社的一间简陋的房间里，两名访客正在等候。来自叙利亚的男孩们被送了进来，有人让他们坐下。孩子们本来就生得黑，田间地头的劳作让他们变得更黑了。他们额前头发留得很长，发型像是本土犹太人，也就是出生在以色列故土的犹太人。他们的希伯来语仍然受到阿拉伯语的影响，但还在提高。他们在长椅坐了下来。

两位访客看起来不算年轻，大约三十来岁。一位是萨姆安（Sam'an）老师，另一位是本尼·马沙克（Benny Marshak）。本尼是那个时代的传奇人物，在帕尔马赫是先知和政委式的人物。他仿佛继承了大拉比们的传统，不断讲述着激励人心的故事和寓言，只是里面没有上帝，因为帕尔马赫的人都是无神论者。有一次，一个漆黑的夜晚，帕尔马赫战士在沙漠中完成了一次英勇行动，撤离时来到了陡峭的悬崖底下。他们必须尽快爬上去，但是无处借力——崖壁上没有凸起的石块，甚至连野草都没有，根本没有能抓手的地方。那么他们靠的是什么呢？他们只是抓住了那种"信念"，后来果真爬了上去！本尼·马沙克的故事有很多都包含着这样的启示。

男孩们听过关于帕尔马赫的传闻，绝大多数帕尔马赫的人都来自基布兹运动。事实上，他们了解到，如果基布兹是犹太复国主义中的精英，那么帕尔马赫就是基布兹中的精英。但如果你询问相关情况，他们会让你闭嘴，因为英国人和阿拉伯人的耳目无处不在。

犹太地下军事组织哈加纳大多由兼职志愿者组成，而帕尔马赫是唯一的全职战斗部队。帕尔马赫是希伯来语中"罢工连"的首字母缩写，但是这个名字和当时整个犹太复国主义事业一样，需要你去想象。从正规军的角度，帕尔马赫绝对称不上"连队"。尽管如此，犹太人还是把它想象成自己军队的先锋。历史学家安妮塔·沙皮拉（Anita Shapira）写道，在巴勒斯坦，年轻一代的犹太人"从小就被灌输一种信念——他们无所不能"，"他们的自信源于无知和傲慢，年轻人的大胆无畏使他们深信自己生来就要成就伟大的事业，最终可能成为帕尔马赫军械库里最强大的武器"。在早期，这样的精神也是他们仅有的武器之一。

如今，帕尔马赫已经成为以色列的神话，也是许多电影、书籍和歌曲的主题。在特拉维夫有个帕尔马赫博物馆。这个名称令人不禁遐想：黎明时分，天空半蓝半黑，一群年轻男女背着双肩包，穿着不合身的卡其色衣服，沿着干枯的河床行军。哪怕寡不敌众，他们也不像离散 [①] 各地的父辈和祖父辈那样畏畏缩缩，而是站起身来采取行动。他们自视如铁托 [②] 领导的游击队或者是苏联红军，喜欢自称为游击队员，坚信自己要领导全球工人阶级革命中的犹太人阵线。他们认为，在为以色列故土打造一个社会主义的未来的同时，也会将这片土地上的阿拉伯人从大英帝国主义和阿拉伯封建主义的桎梏下解放出来，这种信念感人肺腑，却根本不是阿拉伯人认为的那样。帕尔马赫有自己的风格、自己的语言。他们不仅仅是一支军队，也构成了一个充满力量的世界。

这时，来自这个世界的使者马沙克站了起来，对着以撒和其他

---

① 公元 70 年，罗马的军队攻陷耶路撒冷并摧毁了第二圣殿，大批的犹太人被迫离开家乡，分散至世界各地。由此，犹太民族开始了长达十几个世纪的"大离散时期"。二战之后，犹太人于 1948 年在巴勒斯坦地区建立了以色列，正式结束了离散时代。

② 约瑟普·布罗兹·铁托（1892—1980），南斯拉夫政治家、革命家、军事家、外交家。在二战中为反抗德国法西斯侵略、赢得国家独立做出贡献。

叙利亚来的孩子说，他之所以来到这里，是因为犹太民族需要志愿者从事特殊的工作。当年帕尔马赫第一任指挥官伊扎克·萨德（Yizhak Sadeh）对巴勒斯坦的年轻犹太人讲话时，有时会把当前形势描述为一座巨大的天平：一边是小小的犹太民族，另一边是与之敌对的各种巨大的力量。"将你自己投向这架天平，"萨德会这样告诫听众，"拿出力量和勇气，把自己抛上去。" 你们这群人是否同意派遣志愿者呢？帕尔马赫的使者马沙克问房间里的孩子们。在那些日子里，团体就是一切，让个人自己做决定是很难想象的。

然而这个团体拒绝了，孩子们认为自身内部还不够紧密。况且基布兹还需要他们劳动。他们当中有些人——比如以撒——尽管已在那里待了几年，但还是要学习以色列故土的生活方式。有些人甚至还不会读希伯来语报纸。之后，他们开展了一场意识形态争论，讨论公社任务和民族使命哪个更有价值。比起和公社的同志一起耕地，服兵役更重要吗？这种会议马沙克参加得太多了，他无疑预料到了这一点。可以料想，他是要等到辩无可辩时才站起来一锤定音。

马沙克告诉孩子们，纳粹德国的尸体还没凉透，而下一场战争已经来临。这将是一场生死存亡之战，对手是整个阿拉伯世界。他说，刚从阿拉伯国家过来的人是宝藏，没有他们，帕尔马赫就会失败。他们每一个人都抵得上一个"步兵营"。这一说法常用于形容阿拉伯分部，似乎是他们经常听到的，或者是他们自己常挂在嘴边的。

以撒就这样开始了秘密人生，成了一个戴着圆眼镜的青年，成了一个"步兵营"。

地上竖着旗杆，一个声音在呼唤着信徒：快来礼拜吧！

这是独立战争前的记忆。某个周五中午，正是伊斯兰世界聚礼的时间。"真主至大……万物非主……唯有安拉……"阿拉伯语的宣礼词通过一台小小的收音机从耶路撒冷的阿克萨清真寺传来。

Wudu！ ① 帐篷前面的男人说。小净！

没有活水，礼拜者就发挥想象力。他们想象着将水捧入口中再吐出，重复三次；将水吸入鼻子，然后排出，重复三次。有些人还拿着念珠。他们跟着领祷人，把手举到肩膀的高度，手掌向外，然后双手交叠，右手在上，置于心口，又跪在垫子上，额头贴地。这一切深深地印在以撒的脑海里，70 年后他还可以在厨房里做小净给我看——手、嘴、鼻孔、脸——然后开始祈祷，就像那天早上他在清真寺里做的那样。

萨姆安在帐篷里充当了领祷人，引导他们了解阿拉伯文化，学习伊斯兰教礼。另一位帕尔马赫的指导员前来演示如何使用司登冲锋枪 ② 和巴拉贝鲁姆手枪弹，教他们分解和组装枪支。帐篷的门帘总是挡着的，防止有人窥视。而后又来了第三个人，给大家上了一堂爆破课——了解硝铵炸药和一种被称为"肥皂"的炸药的特性，掌握炸掉一根电线杆或一座桥所需的精确药量。一旦凑齐几发子弹，他们就在基布兹农场外围的某个隐蔽地点练习打靶。但当武器还没有到位时，以撒和其他来自阿勒颇的学生就会进到帐篷里面，坐在桌边的长凳上，朝向萨姆安老师，就像先前围拢在用希伯来语

---

① 阿拉伯语，指日常祈祷前的"小净"。

② 英国在二战期间研发的冲锋枪，使用手枪子弹。

和阿拉伯语教他们《妥拉》①的拉比身边那样。

这群衣衫褴褛的学生来自中东社会的底层，而他们的老师却不一样。他在巴格达长大，家里是中产阶级，受到英国殖民势力和英式教育的影响。这名来自伊拉克首都的年轻人，容貌如右图。

后来在以色列故土拍摄的照片里，他的胡子刮得干干净净，身穿帕尔马赫的卡其布制服，比如这张照片中，他站在一群学员中间。

---

① 犹太教经典，大致对应《圣经·旧约》的前五卷。

正如他的学生描述的那样，他看起来很害羞，非常有礼貌，笑的时候不好意思出声——他只会微笑着前后摇晃，眼里含着泪水。萨姆安也有一个希伯来语名字，但是没人叫。阿拉伯语名字在这里更合适。帕尔马赫的大多数指挥官都才二十出头，有些战士应该还在上高中，但独立战争开始时，这位教师已经32岁了，这已经让人觉得年纪大了。"这就是萨姆安，"亚库巴回忆道，"他是我们最崇拜的人。"

后来，萨姆安成为以色列情报部门最受尊敬的间谍头目之一。他最有名的学生埃里·科恩（Eli Cohen）也是以色列最著名的间谍。科恩出生于埃及的一个叙利亚家庭，是犹太人。20世纪60年代初，他以商人卡麦勒·阿明·萨阿比的身份渗透到叙利亚政权的最高层。1965年春天，科恩在大马士革被捕，并被处以绞刑。可以想象，萨姆安还有其他学生，他们的命运没那么悲惨，因此名字也就不为人知。这位老师一生都很谨慎，他所写的东西只出现在内部文件中，似乎从未公开发表过任何文字。

长期以来，犹太人的情报机构靠的是收买阿拉伯人组成消息网，这些人之所以愿意跟犹太人合作，或是为了金钱，或是欲伺机搞垮自己的政敌。由此获得的情报既昂贵又不可靠，何况这种操作方式有悖于犹太复国主义者的理想——要自力更生，不管是摘橙子、修路还是打仗。但在阿拉伯分部成立的最初几年，仍有情报官员心存疑虑，认为犹太人不太可能冒充阿拉伯人顺利开展间谍活动。向合作者支付报酬的老方法已被证实可行，萨姆安正在打造的间谍组织看起来则不切实际。

然而1948年战争爆发之后，对于犹太人而言，阿拉伯分部成了获取有效情报的仅有途径之一。历史学家本尼·莫里斯和伊恩·布莱克写道，早期的情报机构大多不够完善；犹太人的领袖对阿拉伯人的想法知之甚少，都是在一无所知的情况下做出决定。根据莫里斯和布莱克的说法，阿拉伯分部是唯一的例外，它"带回了关于阿拉伯军队的士气以及军事准备的有用信息"。该分部官方历史的作者德罗在几十年后认为"我们进行间谍活动的核心方式始于'黎明'"，说的就是这一点。需要阿拉伯人间谍的时候，犹太人不再付钱雇阿拉伯人，而是自己冒充阿拉伯人。阿拉伯分部有了独特的工作方式。"我们学会这些，没有靠任何人，没有靠什么老师或者学校。我们自己就是学校，"其中一名间谍回忆道，"我们即兴发挥，怎么有效就怎么来。"这名间谍说，以色列的情报原则，是建立在"我们身上"的。

阿拉伯分部的生活有一个奇特之处，就是这些人拒绝自称为特工或间谍，尽管我在这本书中一直这样称呼他们。这些词在他们看来并不光彩，故而，他们选择了一个特殊的词来替代。这个词仅存在于希伯来语和阿拉伯语，而英语中没有。用希伯来语说是"米斯塔阿尔维姆"（mista'arvim），用阿拉伯语说是"穆斯塔阿里宾"（musta'aribin），翻译过来就是"变得像阿拉伯人的人"。这个称呼的历史很久远。例如，以撒所在的阿勒颇犹太社群也用这个词，指的是那些当地犹太人，他们长居于此，在公元 637 年被伊斯兰征服后接受了阿拉伯文化。这个称呼将他们与社区内另一拨犹太人——塞法尔迪人①区分开来。后者指的是 1492 年因西班牙人的驱

----

① 西班牙系犹太人。原指中世纪至 1492 年住在西班牙境内的犹太人。1492 年被费尔南多二世和伊莎贝拉一世驱逐出境以后，迁居于法国、英国、荷兰、亚平宁半岛、巴尔干半岛、土耳其、巴勒斯坦和北非等地。

逐而来到这里的犹太人。"米斯塔阿尔维姆"这个奇怪的称呼在我们的故事中十分重要，我不想丢掉它的内涵。因而无论它有多长、有多别扭，我还是逐字翻译了过来：变得像阿拉伯人的人。

如今，来自伊斯兰世界的犹太人被简称为"米兹拉希人"（意为"中东犹太人"）或是"东方人"；而来自基督教世界的犹太人则被称为"阿什肯纳兹人"（意为"德系犹太人"），这个词源自古希伯来语的"日耳曼"一词。尽管这两个词都有点概括过度，但有时还是不可避免地被用到。萨姆安老师要找的是米兹拉希人，他写道，理想的特工"首先必须来自东方的犹太社区，在邻近的阿拉伯国家或北非土生土长，会说阿拉伯语，母语也是阿拉伯语，与家乡的阿拉伯邻居仍有联系，或者住得离他们很近"。

这意味着在萨姆安眼中，只有一小部分人能成为"变得像阿拉伯人的人"：在 20 世纪 40 年代，巴勒斯坦地区每十个犹太人就有九个来自欧洲。

另一个困难是萨姆安无法提供报酬。帕尔马赫不仅付不起工资，连交通费或一盘便宜的鹰嘴豆泥午餐都支付不起，甚至特工不止一次因为没钱在旅馆过夜而不得不放弃跟踪目标。这些战士有时被称为帕尔马赫赤脚军，靠着创造性、意志力和理想来行动。阿拉伯分部所需之人，既要有坚定的理想，甘冒生命危险，又要机智狡猾，这才能成为优秀的间谍。符合这些要求的人并不多。大多数露过面的候选人都没能坚持下去。

从一些书中可以了解到，萨姆安感兴趣的不仅是伊斯兰更为高级的神学层面，还包括普通人宗教生活的日常。任何人都能了解伊斯兰教的五功：念清真言（穆罕默德是真主的先知）、礼拜、纳天课、守斋月、去麦加朝觐。①但是，做礼拜的时候，手要怎样放在身体上呢？日常对话中经常会引用《古兰经》的哪些经文？如何变得像阿拉伯人，直到连阿拉伯人也视之为同类？

这些新招募的人来自伊斯兰世界，但他们在原来的国家时，对这种大多数人信奉的宗教几乎一无所知。现在他们要学习教法、经文、迷信行为和修辞等。他们在与德系犹太人的先驱们相处的过程中受到了影响，因而还必须接受礼仪教育。"巴勒斯坦犹太人以漠视礼仪规范而闻名，"20世纪50年代，中东学者戈伊坦（S.D. Goitein）在谈到以色列同胞和他们的阿拉伯邻居之间的文化差异时，不无遗憾地写道："他们缺乏良好的礼貌修养。相较而言，阿拉伯人的整个社会生活却完全由一种被高度遵守的礼仪支配。阿拉伯人即使心里希望你下地狱，也会礼貌地和你讲话；而以色列的年轻人，即使在必须遵守礼仪的场合，有时也会很粗鲁。"如果新兵想要成功地伪装成阿拉伯人，这个问题就必须解决。

他们背诵了《古兰经》的开篇——也就是以"奉至仁至慈的真主之名"开头的那一篇——以及一些较短的章节。他们知道了先知穆罕默德曾在夜间骑着天马布拉克前往耶路撒冷，还知道了他曾与天使吉卜利勒（加百列的阿拉伯语说法）在阿拉伯沙漠的一个山洞里会面。几年后，以色列建国了，情报机构也成立了，这些东西都被编成课程，由专业人士讲授。但在当时，萨姆安只能一边授课一边创设课程。所有这些都构成了一套崭新而独特的知识体系，用希

---

① 伊斯兰五项基本的宗教义务，又称"五桩天命"或"五功"（念、礼、斋、课、朝）。

伯来语说就是"torat ha-hista'arvut"，翻译过来就是"伪装阿拉伯人的教条"，或者"'变成像阿拉伯人的人'的《妥拉》"。

他们从营地出发，来到阿拉伯市场，坐在理发店和餐馆里练习，在公共汽车上与人交谈。像耶路撒冷和海法这样人口混杂的城市是练习的好地方，即便身份暴露，也可以逃到犹太区或者英国警察局。阿拉伯语的不同方言会暴露说话人的宗派、阶级和地区，这是个隐患。你可能会变得像阿拉伯人，但是像什么样的阿拉伯人呢？农民？工人？是来自加利利、纳布卢斯还是伯利恒？必须记住，如果你不想要一样东西，用叙利亚方言要说"ma biddi"（我不想要），但用巴勒斯坦方言则要讲"biddish"。你必须记住各种香料、各种工具和肉店里各种切肉方式的名称，所有这些名称都因地而异。

许多巴勒斯坦犹太人自认为会说阿拉伯语，其实不然。许多人自认为了解阿拉伯文化，其实也不然。用萨姆安老师的话来说，理想的候选人"不仅仅是个深色皮肤、留着胡子、会说阿拉伯语的年轻人，出现在阿拉伯区，喝咖啡，待上一两分钟，然后径自离开"。他继续写道：

> （成为"像阿拉伯人的人"）意味着在每个方面都要表现得像个阿拉伯人：不论外表、言谈举止、住的地方还是娱乐的地方，还要有合适的伪装、身份证件、人生故事和背景。你必须是一个才华横溢的演员，一天24小时都在扮演这个角色，精神持续紧张。这样的事情会让人崩溃，直至精神错乱。

帐篷里所发生的事情有一些复杂，我们很难清楚地解释。这些

人是谁？他们当然不是穆斯林（所以才必须学习伊斯兰文化）。那
他们是阿拉伯人吗？他们会否认，阿拉伯人大体也会否认。但他们
确实在阿拉伯世界土生土长——就像阿拉伯人一样。如果像阿拉伯
民族主义者说的那样，要属于阿拉伯民族，最重要的就是要讲阿拉
伯语，那么他们是属于阿拉伯民族的。但他们真的"变得像阿拉伯
人"了吗？或者他们已经是阿拉伯人了？他们是在伪装成阿拉伯
人，还是在伪装成不是阿拉伯人却要装作阿拉伯人的人？

以撒和大多数人摆脱了他们在阿拉伯世界的命运，加入来自欧
洲的开拓者，去打造犹太人新的未来。如今他们就在这里，手持念
珠，额头伏贴在拜毯上。他们得到了一个入口，可以进入这个神奇
世界的内部，这是大多数同伴无法得到的机会，但代价是独特的：
他们必须融入他们本已逃离的人群。

要为这段关于战前阿拉伯分部的描述收尾，就必须讲讲有名的
营火晚会。那些夜晚，哈巴谷吹起笛子。以斯拉也吹了，就是那位
常常练习自我折磨，也注定会真正遭受折磨的人。以撒偶尔会唱歌，
他的眼镜在火光下闪闪发亮。有些歌曲起得慢，人们就会把大橄榄
油桶当成鼓敲起来，加快节奏。他们围坐在火堆边，胳膊搭在旁边
人的肩膀上。有一段描述令人难忘："戴眼镜的以撒·索山牵着绳
子，让米纳什克·阿巴约披上麻袋、挂上尾巴，像猴子一样跳舞。"
有一项很有仪式感的事情就是煮咖啡：将阿拉伯式的长柄小锡壶放
在火上，反复烧开，整整七次，之后咖啡才算煮好。

晚会上会有各种各样的人。帕尔马赫常规部队的战士几乎来自
东欧，对他们想象中的阿拉伯人怀有一种天真的崇敬，认为他们是

高贵的牧民、质朴的农夫。他们的希伯来语夹着阿拉伯语，脖子上围着格子头巾。他们珍视那些"变得像阿拉伯人的人"，因为那些人有能力在这个国家无法逾越的种族边界来回穿梭，像是会魔法一般。营火晚会吸引了像帕尔马赫指挥官伊扎克·萨德这样的大人物，还有阿拉伯分部的创始人之一、后来当了将军的伊加尔·阿隆（Yigal Allon）。

阿拉伯分部在加利利的阿隆尼基布兹外扎营的时候，来客中有位美丽的战士，名叫米拉，刚17岁。照片中，她留着卷发，穿着短裤，有着帕尔马赫战士拍照片时两个最重要的特征：一支步枪，一副自信的笑容。

米拉当时住在阿隆尼基布兹，现在仍然住在那里。那时，她走到营火边，想知道那几个男人是谁。她记得那些人很显眼，因为他们是"黑人"。米拉的父母都是也门人，所以她也能融入进去。晚上的时候，她会走到火塘边跟着唱歌。长笛手哈巴谷也是也门人，他吸引了米拉的目光，而米拉也吸引了他的目光，他们就是这样相识的。

营火晚会上有不少阿拉伯语歌曲，是人们在家乡所学的情歌。有的歌唱的是邻居的漂亮女儿如何变得时髦，离开父亲的家，用她朴素的阿拉伯长袍换了一条流行的裙子。有一首歌唱的是老哈只①穆罕默德和他的马，还有一首名叫《吉纳蒂尼》（Jinantini，意为你让我疯狂）。因为营火在帕尔马赫非常流行，也因为帕尔马赫对以色列社会的创建起着至关重要的作用，所以这些营火晚会最终成为一扇大门，使阿拉伯世界的东西得以进入一个新的犹太国家。有两位著名诗人当年在帕尔马赫，后来他们编纂了一本帕尔马赫歌曲和故事选集，里面就有一份表格，列举了通过战士们所讲的俚语而进入现代希伯来语的阿拉伯语词汇，包括 halas（够了）、ya'ani（还好）、mabsut（满意）、mabruk（祝贺）、sahbak（朋友），以及其他几十个通用的词汇。这本选集收录了营火晚会上唱过的阿拉伯语歌曲，作者如此描述它们："来自邻近民族、兄弟民族的歌，我们本不想与之为敌。"50 年后我当兵时，咖啡还是要煮开七次。

营火晚会最受欢迎的歌曲是《河之彼岸》（Me-Ever La-Nahar）②，是用希伯来语唱的，旋律忧郁，隐约带着中东风格：

> 从河之彼岸，我们辗转至此。
> 穿越荒漠，无边无际。
> 带着帐篷，赶着牲畜；
> 带着帐篷，赶着牲畜；
> 所经之地，酷热无比，
> 即使夜间，地火也不熄。

---

① 哈只：对完成去麦加朝圣义务的穆斯林的称呼，也作为一般的尊称。

② 歌曲唱的是犹太人祖先希伯来人的事迹。传说公元前 1850 年，先祖亚伯拉罕蒙上帝昭示，率族人从两河平原迁往"迦南美地"（巴勒斯坦地区古称），渡过幼发拉底河，故被称为"希伯来人"，意为"渡河而来的人"。

这首民谣是从俄罗斯米哈伊洛夫卡的诗人沙乌尔·车尼霍夫斯基（Shaul Tchernichovsky）的《天方夜谈》中提炼出来的。这首歌十分动人，在那样的夜晚演唱出来更是如此。尽管当时没人录音，但后来以色列陆军一个早期的歌舞团对原曲进行了再创作，保留了一些原始内容：先是几个声音重复唱着"让我们向前，不断向前"，给这首歌定下了深沉的基调，接着其他声音加入进来，节奏越来越快，直到每个人都站起来唱，欣喜若狂。来自阿拉伯城市的犹太孩子们唱着一首由俄罗斯人谱写的沙漠游牧民族歌曲，这表现了那个时代的那种怪异的力量。尽管 20 世纪 40 年代的犹太人没有赶着牲畜群，但他们历经重重危险，来到这里，点起了自己的火堆。

在数年后的以色列国，米兹拉希人开始形成一种政治意识，批判这个国家的德系犹太人先驱和官方的神话，一种不同的记忆浮现出来。耶胡达·尼尼（Yehuda Nini）曾在哈加纳的一个排里服役，这个排收编的都是来自也门的孩子，但在独立战争中覆灭了。尼尼1971 年在一篇重要文章中写道："有些部队报告的是伤亡人数，而这支部队报告的却是幸存人数。"这篇文章并非讲述战争，而是想表明国家对米兹拉希人的忽视，讲述了米兹拉希人是如何被推到以色列社会边缘的。文章的开头回顾了那些夜晚，他所在的排和阿拉伯分部一样，有营火，有咖啡，有热情洋溢的阿拉伯歌曲，其他部队的德系犹太人也会过来看热闹。"黎明时分，营火熄灭，我感受到了侮辱——"他写道：

这种侮辱，在于他们喜欢来看我们快乐的样子，听我们唱歌，吃我们的面包，喝我们按照古法调制的浓而芳香的咖啡——煮沸七次，冷却七次，敲一下以驱逐魔鬼，愿上帝诅咒他。他们会带着女朋友前来，像是来看马戏；他们才不肯让烟灰弄脏自己的手，不肯让烟熏得流泪。我们的毯子要拿给他们和他们的女朋友们垫着坐。他们吃饱喝足，就消失在黑暗中。演出结束了。

至于阿拉伯分部的人是否也有同样的感受，我找不到任何记录。帕尔马赫精英部队的氛围可能不同于该文章提到的常规部队。又或者，间谍们后来在以色列的生活并没有给他们太多理由带着愤怒回顾过去。回想起来，我们理解，在整个犹太复国主义运动中这些人处在一些特殊的角落，他们的身份能够得到重视。在迦玛列的口述回忆中，我们只看到一处讥讽：他把营火晚会描述为一种表演，供帕尔马赫管经费的指挥官们观看。"他们一来，我们就穿得像阿拉伯人，给这些大人物们留下深刻印象，因为我们需要钱继续执行使命，"他回忆道，"有时候我们会买一只小绵羊，点起营火，唱阿拉伯语和希伯来语的歌，然后就宰羊。"迦玛列讨厌杀戮，他一心向着那只羊，说道："你看，哪怕是在庆祝会上，也会有牺牲品。"

不过间谍们对那些夜晚的记忆大体上是几近欣喜的。"有时我想，不仅是每晚的营火迸射着火花，我们所有人也都迸射着火花。"其中一位写道，"我们身处那种力量和决心当中，它们强大到不可思议，火花就是来自那里。"

正是从这个不同寻常的小世界里，走出了知识分子迦玛列，他于 1948 年 1 月前往贝鲁特执行任务；还走出了看门人的儿子以撒，他于次月出现在海法的阿拉伯区，带着一袋瓜子，受命跟踪那个叫内穆尔的教士，也就是"椋鸟行动"要暗杀的对象。

以撒在街头的形象，让人想起了数年之前在遥远的俄亥俄州克利夫兰市两名犹太少年构想出的角色：超人（克拉克·肯特）[①]。和这个人物一样，以撒并未引起身边行人的注意，他看起来只是个贫穷的工人，只是千千万万工人中的一员。但他不是路人认为的那样。他不再是之前的自己，也不再像他的父亲或祖父那样蜷缩在阴影中。他拥有一种不为人知的力量。

　　[①]　超人这一动漫角色是由作家杰瑞·西格尔（Jerry Siegel）和艺术家乔·舒斯特（Joe Shuste）于1933年创作的，当时他们还是高中学生。

7. "椋鸟行动"

目标住在港口附近的街道。每天早上内穆尔离家出门时，以撒（阿卜杜勒·卡里姆）总是坐在路边，目不直视，但总用余光盯住目标。他嗑着瓜子，尝着盐味，把壳吐在脚边。教士内穆尔穿着长袍，戴着圆锥形的帽子，在保镖的护卫下从哈姆拉广场的驴车和小贩中间穿过，而以撒则从广场的另一边远远观察着他们。这位教士开了一家书店，卖的是伊斯兰文学方面的书。以撒一直盯着商店的门面，记住内穆尔上下班的一举一动。如果有顾客进店不是真要买书，他就会特别留意。

第一套方案是派两对杀手步行穿过界线。他们要在内穆尔家外面等着，近距离向他开枪，然后坐上另一名特工开的出租车，穿过界线逃回去。但是到了行动当天，第一对杀手中有一人突然病倒，不能参与行动。第二对倒是过去了，但是潜伏了45分钟都没有发现目标，周围住户开始起了疑心，他们不得不离开。

第二天，他们又一次执行计划，但36分钟之后就离开了。同样的计划要是重复第三次，实在太冒险，所以他们又酝酿了新想法：安排狙击手，进入与阿拉伯区接壤的一个坚固的犹太哨所，射杀内穆尔。然而，一旦枪击来源被确定，英国军队可能会摧毁哨所，以惩罚犹太武装；临近撤退，英国驻军冒着风险离开基地的次数越来越少，但如果哪一方行事太过，他们仍然会进行干预。在海法的最后一战一触即发之际，这个坚固的哨所至关重要，所以不值得冒这个险，策划者放弃了这个想法。他们还在继续商量，以撒却意识到目标已经不见了。这位教士不知道自己曾两次临近死亡，也不知道有人正商讨第三次暗杀的细节，他此刻正前往大马士革游说叙利亚政府，请求他们提供枪支。

海法电话交换台的一名犹太间谍监听到了内穆尔返回的日期和路线——黎巴嫩沿海快速公路。新计划制定了。两辆车将在海法北部的环形路口埋伏等待，因为内穆尔的司机到了那里就要减速。第一辆车载着杀手小组，第二辆车载着阿拉伯分部的一名侦察员，以便辨认目标。这名侦察员就是以撒。由此，两个人在巴勒斯坦地区的道路上交会了——一个是穆斯林教士，一个是犹太区走出来的孩子，他们出生在相距不远的地方，说着同样的语言，但他们的人生轨迹却朝着相反的方向延伸。

后来，参与者们各自从不同的角度记录了之后的暴力事件，但内容大同小异。既然如此，最好由他们自己来陈述——

以撒：我们一大早就出发去伏击地点。我坐在车里，看着每一辆从北边开到环形路口的车。内穆尔会开什么车？我没收到任何消息……还有一种可能：内穆尔会乔装改扮，以免被人认出来，确定目标时我必须非常准确。任何误判都可能导致无辜者的死亡。

我看着一辆辆汽车驶入环形路口，一连几小时，视线开始变得模糊。有时我以为我看到了内穆尔，但不能确定。太多人看起来很像他。我感到神经已经松懈了。

内穆尔：汽车载着我们前进，在地面上飞速行驶。我们将阿卡抛在身后，瞧，海法到了！海法，如此美丽，东方的新娘，世界的明珠！山峦、溪谷、平原尽在你怀中，大海在你脚下，大河在你身边。你点缀在这幅画面里，仿佛星星点缀在天幕。

以撒：我有些疑虑，担心内穆尔已经逃走，这时一辆车出现了，里面坐了五个人。只一眼就足够了，内穆尔就在其中。在过去的几个月里，我花了很多时间跟踪他，对他的熟悉超乎自己的想象。我只要看到他走路的样子、抬头的角度或者胡子的样式，就能认出他来。

帕尔马赫的报告：10点，车开过去了，侦察员看见内穆尔在车里。我们的两辆车立即出发追赶。路上很堵，英国军队有两支车队从不同的方向赶来，这让我们很难赶上内穆尔的车。侦察员的车设法超过了它，让它放慢了速度，同时向第一辆车发出信号——目标就是它。

以撒：我向他们发信号——将一块手帕探出车窗，假装是要让风把它吹干。

内穆尔：汽车颠簸着向前行驶，我看着车外的海法，有时是对面的山，有时是旁边翠绿的山谷。这里真的是一片幸福之地，到处是罗勒和沉睡的水仙。

我看着窗外景色，沉醉其中，突然一辆载着犹太叛乱分子的车闪电般从我们身边驶过。

以撒：我们超过了那辆车，放慢速度，迫使内穆尔的车跟着减速。我们从镜子里可以看到暗杀组的车迅速出现在内穆尔的车旁，在左边车道上行驶。我们看到汤姆森冲锋枪的枪管伸出车窗——

内穆尔：在超过我们的车之前，他们用携带的高射速冲锋枪几乎喷射了上千发子弹。枪弹雨点般射向我们。

马林吉（第一辆车里的枪手）：我们朝那辆车开枪，击中车辆，它随即转向。我们紧跟其后。

内穆尔：仁慈的真主啊！我发出无意义的痛呼——啊，至善者，保护者！因此，至善者显示了他的至善，保护者赐予了他的庇护和恩典。

我们的车停了下来，车身已经破烂不堪，车窗被子弹打得粉碎。我回过头，看到奥马尔·马贾道布同志的头上血如泉涌，一颗子弹击穿了他的头骨。愿真主怜悯他。我朝司机穆森看去，他的头部、面部和胸部涌出鲜血。我看了看自己，血从我的左肩流出，从我的右手滴下来……

我的右手受了重伤，无法动弹……

我用力推开门，从口袋里掏出手枪，匍匐在地。司机喊道："先生，您要干什么？"

我说："我要反击！"

他说："先生！他们开枪之后就逃走了。我是不是要开快点，也许能逃脱？"

我问："你能做到吗？"

他答道："我试试。"

……

汽车启动了，但非常缓慢。我环顾四周，空无一人。路上空荡荡的，但这条路向来车流不断，一分一秒也没断过。我明白了，这是个精心策划的计划，是他们的诡计。汽车继续行驶着，奥马尔·马贾道布在后座，满身鲜血，眼看着就活不成了——人们都说，他的灵魂多么美好。他伤重垂危，正在喘息嘶吼。

汽车一直开到道路交会处，一个环形路口连着三条路——巴拉德·谢赫路、阿卡-贝鲁特路和海法路。我偷偷地瞥了一眼外面，犹太罪犯们正在转盘的另一个出口蹲守，那边正通往巴拉德·谢赫路。透过车窗，我看见他们中间有个人抬起了头。

以撒：我想拿起手枪冲出去，完成任务，也就是被称为"确认击杀"的环节。但其他人都说，别这样，够了。

内穆尔：我不知道是什么阻止了他们没有再动手，路上也没有其他人看到是怎么回事，就隔着几米，却没有向我们开枪！

这是真主的守护，他一刻也没有离开我们。我们的车继续缓慢地开着，司机说："我要死了，我的血要流干了。"我鼓励他说："快了，还有几米就到海法了。我们已经到城门了。"……他真的很勇敢，没有屈服，忍耐力强，无所畏惧，没有失去勇气和判断力。至于我——我毫不怀疑我已经死了。我看到我的血流出来，相信子弹已经进入了我的身体，这具濒死的身体只能再呼吸几分钟，至多几小时。

车继续向前，我不断地鼓励司机，赞扬他的毅力，表达我想到达目的地的愿望，直到他几乎失去知觉，再也不能开车了。

帕尔马赫的报告：载着侦察员的那辆车先是留在后面观察情况，而后赶上了第一辆车。他们告诉第一组的人：内穆尔的车继续向海法驶去。第一辆车的人部署在路边，准备再次发动攻击。但是他们没有认出那辆车。直到它开了过去，他们才看见那辆车和车里的内穆尔，于是开始追赶，但内穆尔的车设法钻进了人口稠密的阿拉伯区。我们的人没有再次进攻，返回了基地。

内穆尔：我们已经到了拿撒勒街，海法的第一条街，我看到一些阿拉伯人，便向他们示意。他们冲过来。他们看到汽车挡风玻璃已经粉碎，车身千疮百孔，明白了犹太人的罪行。

青年们大叫着，从四面八方围了过来。他们飞快地把我抬上另一辆车。我嘱托他们照顾司机，好生对待烈士。

阿拉伯语的日报《保卫报》（*El-Difaa*）次日早晨报道：
尊贵的谢赫·穆罕默德·内穆尔·哈提卜阁下在叛乱者的袭击中受伤。

奥马尔·马贾道布先生伤重不治，穆罕默德·穆西恩·法赫尔·丁先生受了轻伤。谢赫肩膀中了三枪，所幸没有生命危险。伤者立即被转移到阿明医院急救，谢赫·穆罕默德·内穆尔·哈提卜阁下被送往政府医院。

内穆尔：我不知道接下来发生了什么。喧嚣的人群把我惊醒了，他们来到这里，想知道究竟是什么情况。我只看到忠诚的泪水，感觉到友爱的亲吻，祈祷之声环绕着我……穆斯林兄弟会的人来到我身边，身上带着血，手里拿着枪。他们坚守誓言，矢志复仇。

8. "雪松"

受伤的教士从巴勒斯坦被秘密送往贝鲁特的安全地带，属于他的战争已然结束，没有他，争夺海法的战役依旧会打响。而后他再没回过家。他不知道自己一度和刚从巴勒斯坦来的尤瑟夫·艾哈迈德同在黎巴嫩首都。尤瑟夫也因战争而流离失所，至少他自己是这么说的。

尤瑟夫·艾哈迈德当时 25 岁。他没有家人，但似乎有些资产，足以在萨尔瓦电影院旁开一家女装店。可若真有人来盘查，就会发现他的财产来源是经不起推敲的。迦玛列（尤瑟夫）收到的指示是先安顿下来静观其变，仅此而已。他离开巴勒斯坦时，事态发展得太快，根本不可能得到更具体的指示。如果犹太人能坚持住的话，之后可能会有更多的特工到达。但他们说可能要等几个月，这十分荒谬——1948 年事态的发展是按小时计的，不是按月计的。如果派人来的话，谁会来、什么时候来？这一切都无从知晓。

阿拉伯分部的人知道，在巴勒斯坦地区，如果活动受到怀疑，他们可以想办法越过边境逃回犹太区，或者直接听凭英国警方处置，这样犹太领导人干预，帕尔马赫也可以来救他们。但这些在黎巴嫩腹地却行不通。在这里，没有人能帮助迦玛列，而被怀疑的危险时有发生。比如有一天，迦玛列在公交车上听到了叫喊，几个人把一名乘客拖到街上。他们说，这名乘客形迹可疑，说着蹩脚的阿拉伯语，他们怀疑此人是犹太间谍，但几分钟后才发现他只是一个移民到南美的黎巴嫩人，是回来重游故国的，就把他放了。之后，坐在迦玛列（尤瑟夫）旁边的人递给他一根香蕉，此人十分健谈，他询问迦玛列的背景，言语间暗指他可能是犹太复国主义分子。迦玛列身上似乎有某个方面容易引起身边一些人的注意；他自己也弄不清到底是什么，我们也无从得知。当然，迦玛列否认了这一指控。但这令人十分不安，又一次说明他离危险有多近。

从他们自己对这个时期的描述当中，看不出多少个人英雄主义的色彩，相反，他们似乎认为自己的行动是理所当然的。但如果我们也这么认为，那就错了。一旦成了一名士兵，就有相应的等级和准则，身边就会有战友共同御敌。迦玛列也算是士兵，但他既没有上级军官，也没有制服。他的同志们离得太远，无济于事。间谍就是如此。但如果是在美国中央情报局做间谍，则有兰格利[1]和美利坚合众国作为后盾。蹲守在街角或酒店房间的时候，你可能看不到这些后盾，但你知道它们确实存在，它们的力量会带来安慰。但迦玛列这些人却没有这样的保障。他们没有国家——在 1948 年初，以色列建国只是一个愿望，而非事实。他们如果消失了，也就永远消失了，没人能找到他们，甚至没人会去找。他们的未来是一片空白。然而，这些人依然孤独地走进那个危险的时代。

---

① 中央情报局总部位于弗吉尼亚州费尔费克斯县（Fairfax County）麦克林区（McLean）内的兰格利（Langley）小区。

因为迦玛列在黎巴嫩，所以他的代号是"雪松"。犹太人偶尔会使用这样的代号，以方便智力水平一般、只有三年级文化的间谍。例如，当时负责从伊拉克进行秘密移民的间谍用代号"阿齐兹"来表示以色列故土；"阿齐兹"一词的意思就是"我的土地"。有一段时间，哈加纳司令部有一名成员是法国犹太人，其代号就是"法国人"。但在 1948 年的头几个月，迦玛列的代号是什么并不重要，因为他根本没有办法与外界交流。

迦玛列的商店在乌塞区，那里现在是贝鲁特国际机场旁边一座水泥造的贫民窟，但在当时却是美丽的海滩旁边的一处寂静之地，远离市中心的喧嚣。这片海滩晚上人烟稀少，这一点很有利，而且沙子够软，可以快速挖开掩埋东西。虽然碰巧有个好地点，但迦玛列选择的商品就没那么碰巧了：女装似乎不大好卖，至少他卖的款式是如此，大部分时间店里都无人问津。这是个大问题，一方面，迦玛列需要钱，另一方面，如果一直没有顾客却还继续营业，他的收入状况会令人生疑。于是他开始转行卖糖果。

他留意着可能有用的信息，努力了解这座城市的风土人情，但他没有办法传递任何信息。关于那几个月，他记得的事情大多和学习经营糖果生意相关：买一公斤糖花了多少钱，在哪里买了设备，有一个业务联系人是什叶派，还有一个是德鲁兹派。有几次和人谈话不太愉快，比如附近有家小杂货店，老板的直觉很敏锐，对他说：你知道吗，到目前为止，我们从没听你提起过你的家庭。一个字也没提过。

这本是无心之问，却像一把枪抵在迦玛列的太阳穴上。此时他已体会到这是什么感觉。

我内心很痛苦——关于家人，我还能说些什么呢？迦玛列用了阿拉伯分部的人谈论起家庭成员时惯用的策略来回答。我只能说，家里人都被杀了，一个也不剩，我自己也只是死里逃生。除此之外，我没什么可说的了。

这一策略似乎奏效了，那个人离开了。毕竟，在贝鲁特很多人都有相似的故事。

迦玛列是第一个被派往境外充任侦察员的特工。这是有原因的，他可以披上中产阶级的外衣，不像其他人大多只适合冒充工人。而且在战争前夕，一旦有什么任务要求特工拥有良好的语言技能和高度的政治敏锐性，似乎总会派他上阵。此前，阿拉伯分部最优秀的情报报告大多都是迦玛列撰写的：他参加过穆斯林兄弟会的集会，并见到了内穆尔；他参加过安静的阿拉伯共产党的集会，其领导人刚去过伦敦见过英国的同志；也参加过喧闹的阿拉伯民族主义分子的集会，大会还募集了资金，以便发动针对犹太人的战争。他的政治敏感性不仅针对敌方，也针对自己人。二战期间，迦玛列逃离了大马士革犹太人聚居区，穿过边界来到巴勒斯坦。毫无疑问，作为生活在阿拉伯人中的犹太人，他没有任何前途可言。他便想加入犹太复国主义分子当中，成为先驱者。在他出生、长大的地方，犹太人都知道终有一天要回到以色列故土。他们每天要祷告三次，"让我们凝望您带着仁慈重回锡安"，迦玛列还记得，童年时期每逢逾越节，要举办传统的祭餐，每个参加者的肩上都会搁一块无酵饼，象征着先祖们在埃及为奴，背着重负。他们相互之间还会问答，说的是阿拉伯语。

"你从哪里来？"

"埃及。"

"你要到哪里去？"

"耶路撒冷。"

接着，围坐在桌子旁的人都会说："Inshallah！"（如果安拉愿意的话）犹太人说阿拉伯语时，会用阿拉伯语称呼上帝为安拉，和其他人一样。在 20 世纪中叶令人瞠目的特殊形势中，上帝突然就愿意了。到 1944 年，迦玛列在以色列故土的一座基布兹里，尽力成为犹太复国主义运动所描绘的那种重生的希伯来人，成了一名农夫、一名战士，挣脱了"大流散"套在身上的枷锁。

但他很快发现，他和埃恩·哈罗德基布兹的其他年轻人不一样。他说话像阿拉伯人，长相也像阿拉伯人，就连巴勒斯坦地区的犹太人也觉得他很陌生。他开始使用自己的希伯来语名字"迦玛列"，不再用童年时的阿拉伯语名字"贾米尔"，但并没有解决问题。他喜欢听伟大的埃及女歌手乌姆·库勒苏姆（Oum kalthoum）唱的歌，喜欢听天才的乌得琴手阿布德·瓦哈布（Abd el-wahab）弹的琴，但基布兹只有欧洲交响乐的唱片。这里的食物很清淡，没有他熟悉的香料。有一次，他向主管公共厨房的女人要些油，想给自己和几个叙利亚年轻人做道中东菜。她说不行，他们必须和其他人一起在公共食堂吃饭。

有时候，晚上他会和其他叙利亚来的男孩单独在一起，说会儿阿拉伯语，但他来到以色列故土并非为了这些。他结交了德系犹太人朋友，和他们坐在一起，谈论儿时的朋友或者认识的漂亮女孩。但是他很少谈论他以前在大马士革的生活，因为他们不感兴趣。"因为是我想加入他们，而不是他们想加入我，"他回忆道，"我已经透支了，我必须磨平自己的棱角，来适应这台在我身边不停旋转的机器，它不会放过任何人。"事后他发现，这种能力是大有作用的。作为一名间谍，迦玛列表示，"你要像一个适应性很强的人那样具备一种本能，去磨平棱角，融入社会"。然而，在成为间谍之前，他还是个骄傲的年轻人，有足够的洞察力察觉到别人表现出来的优越感，磨平棱角是个痛苦的过程。

阿拉伯分部后来会找上他，正是看中了他想摆脱的那种不一样。迦玛列无法拒绝进入帕尔马赫为国家服务的召唤，所以他从基布兹去了帕尔马赫阿拉伯分部的营地，发现自己又回到了原点。用他的话来说，他"回到了阿拉伯人的社会，回到了东方人的生活"，而这一切正是他一直想要摆脱的。

帕尔马赫的部队都驻扎在基布兹，但想找到一个基布兹来接受这个特殊的分部，通常要花很长的时间。在战前的几年，他们要不断地转移驻地。基布兹拒绝接收他们，通常是因为阿拉伯分部里面没有女性。帕尔马赫的其他分部奉行男女平等，而阿拉伯分部却显得迥然不同。大多数来自阿拉伯世界的犹太父母并没有抛弃传统观念，他们认为未婚的女儿和陌生男人往来是可耻的。分部没有女战士，就不能帮基布兹的妇女在公共厨房和育儿所做事，这样一来，这支部队对于基布兹来说用处就不大了，基布兹提供的食宿是需要战士们用劳动来换取的。

至少，官方的解释是如此，但迦玛列不信。他后来写道："他们很担心，有很多顾虑，主要是因为我们来自东方社区。""东方社区"指的是来自伊斯兰世界的犹太人。他记得，在一座基布兹，他们都已经在搭建帐篷了，社员们却投票决定不能让他们留下，那次的侮辱他从未忘记。有些人也还记得，一些基布兹社员还警告他们的女儿，要远离阿拉伯分部的"黑人"。虽然这些警告似乎没完全奏效，但还是刺痛了分部战士们的心。

还有一件事让迦玛列尤为痛苦。有段时间，分部驻扎在一座基布兹，其间来了两批难民孤儿，一批来自欧洲，另一批来自叙利亚。基布兹组织举行了一次大会，将这些孩子分给各个家庭收养。有人举手要收养德系犹太儿童，但没有人想收养叙利亚犹太儿童。基布兹成员便开始辩解：也许我们不知道叙利亚犹太儿童的思维方式，也许他们还不懂什么是纪律，也不知道怎么与收养家庭相处。听完这些说辞，迦玛列非常愤怒，就写了一篇文章投给基布兹通讯处，文中将基布兹成员比作纳粹。由于他拒绝使用缓和的言辞，文章最终没有发表。尽管最后所有孩子都被收留了，但这还是成了他的一个心结。

不过，当时也好，后来也罢，他从未对这桩事业产生过疑虑。他知道，犹太人必须得有自己的国家，而且相比欧洲来的移民，他更清楚要想建立一个属于自己的国家必须面对什么事情。先驱们的世界一直在感召着他。他最深刻的记忆之一，就是动身前往贝鲁特前的几个月，他休了一次短假，离开部队，拜访了一些朋友。朋友们正在内盖夫沙漠广阔的天空之下建造一座新的基布兹。他们生活朴素，说着希伯来语，从无到有地建起了一个社区——这是犹太复国主义者的梦想，在迦玛列第一次来到以色列故土、人生变得复杂之前，这也是他的梦想。

他和朋友们一起从小屋走到附近的一块田地，看看他们种的麦子长势如何。小麦发芽了！有什么事情比这件事更让人开心？他们想要的无非是让贫瘠的土地变成绿色的田野。地就是地，雨就是雨，小麦就是小麦。

当时他还不知晓，自己今后多年都要用着假身份。他曾是来自大马士革犹太区的贾米尔·科恩，也将是贝鲁特的穆斯林店主尤瑟夫·艾哈迈德。他把以色列特工的身份藏得很深，就连自己的婚礼都不得不跑到欧洲某地秘密举办了犹太教仪式。他有一个女儿，孩子出生头几年用的是阿拉伯语名字"萨米拉"，直到他任务结束，女儿才恢复了希伯来语名字"米拉"。这超出了本书的讲述范围，但事情从来都不简单，永远不会只像小麦和雨水那么简单。

他在基布兹最亲密的朋友是一名年轻女子，名叫巴西瓦（Batsheva）。她理解迦玛列的痛苦，于是送给他一本书，让他振作起来。这本书是诗人汉娜·西纳什（Hannah Senesh）[①] 的。西纳什曾从匈牙利来到以色列故土，1944 年自愿空降到轴心国战线的后方。她 23 岁时被捕，遭受酷刑，最终被枪决。巴西瓦在书的扉页上写着：

致迦玛列——

　　在面对考验的严峻时刻，我们每个人都会站到命运为我们选择的地方吗？

他再也不想像个阿拉伯人了。然而，当年那位年轻的诗人在欧

---

① 汉娜·西纳什（1921—1944），匈牙利犹太诗人，曾加入英国组织的"特别行动执行处"，1944 年作为 37 名从巴勒斯坦地区招募的犹太队员之一，空降到南斯拉夫地区协助反纳粹行动，营救要被送往奥斯维辛的匈牙利犹太人。后在匈牙利边境被捕、被杀害。

洲纳粹占领区上空纵身一跃，她已知道命运为她选择了何处。而他也会知道。

2月中旬，迦玛列回到贝鲁特后，巴勒斯坦的战争变得更激烈。英国人在数着日子等着委任统治结束，也无法再控制双方的战斗人员了。英国人一走，阿拉伯国家的军队就会入侵巴勒斯坦。英国高级专员说："战争的天平，似乎已大大地倾向阿拉伯人一方。"尽管犹太人也取得过一些胜利，比如驱逐了那名教士，但即便在海法战役中，这也算不上什么决胜一击，在整场战争中就更不算什么了。"圣战军"在老练的指挥官阿卜杜勒·卡德尔·侯赛尼的带领下展开进攻，救援耶路撒冷的行动即将失败。城里的犹太人开始陷入饥馑。迦玛列在贝鲁特与自己人失去联系的时候，他的朋友波扎和几十名犹太战士在先知撒母耳村的战斗中牺牲，很久之后他才知晓。

他竭力扮演着一个巴勒斯坦来的阿拉伯爱国者的角色。4月，消息传来，阿拉伯阵营首次遭遇重大逆转——确切地说，不是战役失利，而是一次认错人导致的意外，事关"圣战军"指挥官侯赛尼。侯赛尼当时正在通往耶路撒冷路上的夸斯特村与犹太军队交战。当天清晨，雾气蒙蒙，这名指挥官带着两名士兵摸到前线，一名犹太人哨兵误以为他们是犹太人，向他们打招呼。哨兵用阿拉伯语喊道："你们好，小伙子们！"这倒不是因为哨兵知道他们是阿拉伯人，只是因为犹太战士之间喜欢用阿拉伯语交流。

这名阿拉伯指挥官似乎不知道自己身处何地，莫名其妙地用英语回答："你们好，小伙子们！"他可能以为这些士兵是在他手下服役的一些英军逃兵。犹太哨兵首先意识到自己的错误，立刻开枪，打死了这名讲英语的军官——阿拉伯指挥官侯赛尼本人。侯赛尼手下愤怒的武装分子随后占领了这个村庄，杀死了那名说阿拉伯语的犹太哨兵，但第二天就弃村而去，料理指挥官的丧事，使哈加纳得以重新控制这个村子。村里后来住进了来自库尔德地区的犹太人。伟大的侯赛尼死了，身为同乡，尤瑟夫·艾哈迈德需要有所表示，于是这名间谍就在他商店的橱窗里挂上了这位烈士的肖像。

然而在贝鲁特，大多数情况下战争气息微乎其微。迦玛列观察着，偷听着，尽量不让自己暴露。他融入了自己的新人生，他知道该怎么做，并且发现随着时间的推移，他的阿拉伯身份已不再是一种演技。他觉得自己吸收了周围人的性情，会按照他们的方式看待事物。现实也好，文学作品也罢，也有其他人处在同样的境地。约翰·勒卡雷在小说《冷战谍魂》（*The Spy Who Came in from the Cold*）中描述了阿历克·利玛斯在东德的双重博弈。勒卡雷在书中讲道，据说巴尔扎克在临终之时曾问起过他创造的人物是否幸福。勒卡雷写道："同样，利玛斯在不放弃创造能力的前提下，也认同了自己创造出来的身份。""只有很少的时候，就像今天夜深人静之时，他才能让自己享受一点危险的奢侈：承认自己是活在巨大的谎言之中。"

9. 观察者（2）

迦密山山坡上有个地方，可以俯瞰海法港拥挤的阿拉伯街区。就在此处，一个小圆柱体滑入金属管内，而后"砰"的一声射出，飞上了黎明时分东方地平线上淡粉与浅橙交织的天空。到了抛物线的顶点，重力又占回上风，圆柱体在满目疮痍的城市和铁灰色海湾的上空停住，然后落向港口的仓库、奥斯曼式的钟楼、红瓦的屋顶、柏树的枝条和石灰岩的墙，最后砸在了易卜拉欣面前的沥青路上。易卜拉欣就是我前面说到的阿拉伯工人，在港口务工、曾经去民兵总部大楼打探的那位，曾和清洁船体的"同事"一同目睹了"出埃及"号事件。炮弹落地，易卜拉欣看到爆炸将一名男子高高抛起，撞到墙上。

那是 1948 年 4 月 22 日，侯赛尼死去的两周后，而修车行爆炸和暗杀教士的事情已过了两个月——这是决定海法命运的一天，也是糟糕的一天。第一次炮击之后，迦密山上的犹太人发射了更多的炮弹。易卜拉欣朝着尼尔小旅馆的方向跑回去，他和几个工人同住一间房。我们之所以知道他经历了什么事，是因为事后他把一切都详细地写了下来。

炮击并没有太让他意外；前一天已经让他胆战心惊。昨天，他经过一处由煤渣砖和大桶筑起的犹太人岗哨时，突然听到一声枪响，他迅速俯下身冲到掩体后面，脱下帽子时，赫然发现上面有个完整的弹孔。之后他一直保存着那顶帽子，作为神意的证明。然而事实证明，神意有限，他的余生也很短暂。

晚上，他和其他住客挤在旅馆的收音机旁，听到犹太人的宣传电台用阿拉伯语警告：海法的阿拉伯人应该疏散妇女、儿童和老人。听众们嘲笑着这种空洞的威胁。阿拉伯人已经武装起来准备战斗了，犹太人还想搞出什么花样？然而到了午夜，易卜拉欣惊醒了，炮火从迦密山上呼啸而来，倾泻在下城区的阿拉伯居民点。他醒了一会，看着火光和烟雾从拉什米耶桥附近的东郊升腾而起。谁也不知道发生了什么事，而此时谁也笑不出来了。他勉强睡了几个小时，不等日出就走上街头，就在此时，炮弹险些击中了他。

天空越来越亮，人们四处奔走。有人说犹太人已经占领了海法阿拉伯区中心的哈姆拉广场，并且仍在推进。在此之前，暴力冲突似乎只是又一次突袭或者报复，但这次却不同。英国人不想再夹在交战双方中间，突然提前撤出了海法的主要地区，退到港口地带，让犹太民兵和阿拉伯民兵自行决定这座城市的命运。阿拉伯人的部队迅速袭击了几个犹太据点，但都被击退了。

然后，一队队哈加纳战士像真正的军队一样行动起来，或沿着海边的平地行进，或沿着迦密山的室外台阶进入下城区，从各个方向奔袭阿拉伯区。阿拉伯战士们在纳加达的大楼四周进行了抵抗。之前易卜拉欣就是在这栋楼里看到了身穿制服的民兵，他们伏击了犹太人的一个排，打死四人，打伤十人，遏制了犹太军队的推进。阿拉伯国民议会张贴了告示，告诫人们不要离开，不要失去希望——

致战斗中的民族：

海法国民议会发布最新消息：

敌人分裂我们国家、摧毁我们家园的计划已然失败。敌人要在我们的废墟上建立国家的妄想已然破灭……独立、自由、团结的巴勒斯坦阿拉伯人万岁！

但到了上午 10 点，市中心的街道上已经一片混乱。一位巴勒斯坦历史学家这样描述当时的情景："躲避行进军队的难民聚集在阿克里（Acre）旧城，孩子们穿着睡衣，男人穿着老式的睡衣和内衣，妇女们抱着婴儿、带着一捆捆的家当。"

遭遇炮击后，易卜拉欣没有直接返回旅馆，而是去了一家餐馆，那里面挤满了紧张地说着阿拉伯语的人。似乎没有人知道还能做些什么。他们都能听到枪声和爆炸声逐渐逼近。时不时会有人冲进餐厅，餐厅里的人就马上围上来，问他们看到了什么，犹太人在哪里。

一个人从街上走来，激动地宣布："阿拉伯人民，欢呼吧！阿拉伯军团从山上包围了犹太人，从上头截断了犹太军队！"阿拉伯军团是一支外约旦[①]军队，由英国人指挥并提供给养，这是阿拉伯世界最强大的军队，所以这是个好消息。但是，如果他期待人们为之欢呼，那想必要失望了，因为谁也不相信他。片刻后，另一个人"砰"的一声撞开了门，说阿拉伯军团毫无踪影。

接着，一名年轻人走进来。他刚从战场上撤下来，易卜拉欣看到他"全副武装，疲惫不堪，一脸茫然"。有人连忙给他倒了一杯

---

① 外约旦是今日约旦河东岸的约旦地区的合称。

咖啡，大家催他讲讲外面的情况。"我是最后一批从哈莉莎撤离的。"这名战士说。哈莉莎是犹太军队正在进攻的社区之一。"我和其他人一起防守阵地，朝他们开火，他们用迫击炮回击。妇女和孩子的尖叫声把我们逼疯了，我们不得不让他们闭嘴。然后一枚炮弹击中了我们的阵地，我们只得撤退，一直退到你们这里。"

阿拉伯军团呢？有人问。不是有阿拉伯军队来增援海法的吗？年轻的战士咒骂了一句，然后离开了。很快，餐馆老板把所有人都赶了出去，锁上门逃走了。

阿拉伯领导人张贴的一张街头告示敦促民众：

> 原地待命。巩固阵地。
> 击退侵略者的进攻！

但到了此时，这些领导人中已经有人逃走了，包括海法的军事指挥官本人。他们的军队很快就溃不成军，在街上丢下一些尸体后撤退了。犹太人在几辆货车上装了扩音器，带着疲惫不堪的步兵，打起了心理战。居民们听到扬声器里传来失真的声音，用阿拉伯语喊着审判日已经到来，并且宣称犹太人已经控制了这座城市的所有通道，没有增援部队会来了，快投降吧。

易卜拉欣离开餐馆之后，遇上了一位来自阿克里的朋友。阿克里是海法湾最远处的一个阿拉伯小镇。易卜拉欣一直是个强硬派，他反对一走了之，把胜利拱手让给犹太人，这位来自阿克里的朋友也是这么想的。因为近几个月的流血事件，许多人已经逃走了——先是来海法打工的其他阿拉伯国家的人逃回老家；接着是有钱人家逃到亲戚家或者避暑的宅邸；然后是普通百姓，他们惶恐不安，不愿每日活在暴力中。这是懦弱的表现。但到了现在，二人决定要看看如果真到了非逃不可的地步，他们该如何逃出去。英国士兵仍然控制着港口，而阿克里还在阿拉伯人手中，乘船过去只需要一个小时。人人都以为阿拉伯国家的军队很快就会来打败犹太人，也有不少人认为暂时避一避未尝不可。正是考虑到这一应急计划，他俩才穿过一片桉树林，来到海滨。正是在那儿，易卜拉欣瞥见了他后来记录的那种"悲惨而可怕"的景象。后来巴勒斯坦的悲剧逐渐显现，规模浩大，旷日持久，而这一景象成为它的象征。

数以百计的人涌上码头，争先恐后地登上小船离开海法。这些船穿过海湾，将难民运到阿克里，但许多人希望再往北走，前往黎巴嫩——那里远离战火，远离阿拉伯人的交战前线。码头上很快就挤满了数以千计的人。受伤的教士内穆尔当时正流亡在外，但还是从家乡那边得知了消息，他的回忆录中描述了这一场景："男人们互相踩踏，女人们踩着自己的孩子。港口的船只装满了活人。这些船从来没有装过这样的'货物'。"

犹太战士在下城区发动突击，枪声已经迫近，击中了守卫海港入口的几名英国海军陆战队队员。不久后，犹太人的情报机构报告说，阿拉伯人的指挥部无人接听电话。"阿拉伯人的医院挤满了死伤者，"报告说，"由于调度无方、缺医少药，死者和伤员躺在街上无人收治；阿拉伯区的街头一片恐慌。"

不管是易卜拉欣还是其他人，都不能理解他们所看到的一切。英国人仍然统治着巴勒斯坦。犹太人还尚未建立国家。可以想见，阿拉伯军队几周内就会打进来，尽管犹太人对巴勒斯坦阿拉伯非正规军表现出惊人的顽强，但人们很怀疑他们能否扛得住真正的军队。即便是在那天早上，在他们眼里，这样大规模的逃难似乎也是不可能出现的。海法的犹太市长来到港口，恳求人们留下来，保证他们不会受到伤害。那些听了他的话留下来的人确实没有受到伤害。但当时人们不可能知道后来的事。人们都听说过敌人的残暴——其中有些确有其事，也感受到了炮弹的冲击。他们当然怕死。

巴勒斯坦作家格桑·卡纳法尼（Ghassan Kanafani）的中篇小说《重返海法》（*Returning to Haifa*）记载了这个时刻。"远处近处都是枪炮声、爆炸声，火光冲天，"他写道，"仿佛就是这些声音把大家推向了港口。"一对夫妻在涌向海滨的人群中相遇：

> 他们周围人潮涌动，把二人从一边推到另一边，推向岸边，但除此之外的一切，他们都无法感知，直到被桨上的浪花溅湿。他们回头看向岸边，看到海法笼罩在暮云之下，掩藏在他们模糊的泪眼中。

易卜拉欣在码头旁目睹了这一切。商店全部关门了，他唯一能弄到的食物是一个水果罐头。他迅速在街上吃完，身边的人们都赶向海边。他看见一个不知所措的老人坐在台阶上哭泣。易卜拉欣问他是否需要帮忙，老人说他的妻子和六个孩子在混乱中走散了。易卜拉欣把他带回尼尔旅馆，却发现这家廉价旅馆的老板连同大多数客人已经逃走了。

老人躺在易卜拉欣的小床上。平静下来后，他说自己的长子参加了抗击犹太人的民兵组织。他非常担心这个儿子。易卜拉欣竭力安抚他，说他的长子可能和其他战士一起撤退了。老人没有钱，易卜拉欣就给了他两英镑，老人睡着了。

第二天是周五。早上，下城区的阿拉伯街道空荡荡的。室外能看到的人寥寥无几，他们脸上的表情不仅是悲伤，更是屈辱。至于刚才发生了什么事则无从得知。易卜拉欣发现来自阿克里的朋友正在收拾行李，准备离开。朋友觉得有必要解释一下，他说，看看那些学者和有钱人，他们都逃跑了，我为什么要留下？易卜拉欣觉得有道理，就送他到街上。

到了街上，他们终于遇到了敌人——这些犹太人身穿卡其布衣服，头戴针织帽，脚上是形形色色的平民鞋子，手里的武器要么是地下铺子制造的，要么是世界大战留下的。他们把守着一个十字路口。一名士兵将来自阿克里的朋友拉到一边。另一名则转向易卜拉欣。如果这个来自阿克里的人留意的话，可能会看到奇怪的互动。

哥们儿，过来一下。犹太士兵对易卜拉欣说，语气中没有敌意，只是惊讶。他说的是希伯来语。

这时士兵似乎想到了什么，态度立刻转变了。他用阿拉伯语粗鲁地命令道：举起双手，过来！

易卜拉欣照他说的做了。如果来自阿克里的朋友看过来的话，就会发现易卜拉欣对搜他身的犹太战士说了些什么。但我们不知道这位从阿克里来的人是否看见了，因为犹太人释放了他们，二人道别，之后就再未见过。

易卜拉欣的自由只持续了几分钟，到了斯坦顿街，他被另一声阿拉伯语的喊叫拦住："站住！"一名新兵端着步枪对着他，示意他过去。士兵搜过身后，把他塞进了附近一群被士兵看守着的阿拉伯人当中。

易卜拉欣加入蹲在士兵枪口下的人群中。有人告诉他，他们正在等待指挥官的处置。过了一会儿，有人把他挑了出来，端着枪押着他，命令他爬上了一辆卡车。

第二部分

贝鲁特

10. 基姆

最初的想法是要创造这样的特工：让人相信他是自己人中的一员。对于阿拉伯分部来说，"最初"指的是夺取海法的七年前，1941 年的那个春天，二战最黑暗的时刻。他们的样板是基姆。虽然《基姆》（Kim）不像过去那样流行了，但阿拉伯分部的创始人都知道这本书，知道吉卜林笔下的这名爱尔兰孤儿，他在拉合尔（Lahore）的巷子中长大，擅长假扮印度人，后来成了一名英国间谍。乔装打扮、改换身份这些事情，尤其能激发英国人的想象。基姆成了许多真正间谍的灵感来源，比如双重间谍哈罗德·基姆·菲尔比（Harold Kim Philby）。正是在阿拉伯分部成立的时候，他开始了自己错综复杂的身份游戏，作为一名苏联间谍，潜伏在英国秘密机构。菲尔比的父亲圣约翰·菲尔比（St. John Philby）在阿拉伯半岛"归化了"，皈依了伊斯兰教，还取了个阿拉伯名字"阿卜杜拉"。

所有这一切，都融入了阿拉伯分部的特殊基因。关于这一点，在跟随我们的主人公们进入独立战争的下一个阶段之前，有必要再交代几句。本书讲述的是犹太人和阿拉伯人之间的一次战争，但实际上创建阿拉伯分部的初衷全然不是要对抗阿拉伯人，而是要对抗德国人。这一机构不完全是犹太性质的。它是一种奇怪关系的产物，这种关系只有在极度动荡或者极度恐惧的时代中才能理解。阿拉伯分部的基因一半来自帕尔马赫，另一半来自英国特别行动处的地中海分遣队，正如历史学家安东尼·比弗（Antony Beevor）所说，这些人当中"有热爱希腊文化的大学老师，也有人脉广泛的混混，两头之间还包括形形色色的人，有训练有素的正规军士兵、浪漫主义者、作家、流浪学者，以及古怪叛逆、声名狼藉的冒险家"。

1941 年，欧洲战败，美国仍旧袖手旁观，德意志非洲军团向埃及进军，眼看第三帝国要将巴勒斯坦和整个中东地区吞噬殆尽。时局危急，统治巴勒斯坦的英国人计划将迦密山作为最后据点，如同吉拉德派犹太人在抗击罗马人的战争中坚守马萨达要塞，直至最后一刻那样①。这些防御地图至今尚存，上面规整地圈出了最后的防守位置。此地的犹太人会经历怎样的命运，已然很清楚，尽管他们远在欧洲的亲属所遭遇的一切细节还未浮现出来。

1939 年，英国曾在著名的《关于巴勒斯坦问题白皮书》中称要建立犹太民族家园，后来又屈从于阿拉伯人的压力，背弃了这一承诺，并在犹太人最需要帮助的时候拒绝犹太难民进入巴勒斯坦。到了此时，在恐慌之中，犹太复国主义领导者们搁置了他们对英国的愤怒。犹太人决定合作，开展游说，争取战斗的机会。但统治巴勒斯坦的英国当局并不认为武装犹太人、训练犹太人是什么好主

---

① 马萨达要塞位于死海边的一座岩石山顶，地势险峻。公元 66 年，犹太人发动了反抗罗马的起义。起义失败后，残部据守此地。公元 72 年，罗马人包围了马萨达，犹太人在此坚守三年，要塞被攻破之前，剩余 967 人决定集体殉难，马萨达由此成为反抗精神的象征。

意。他们觉得，一旦战争结束，这些人就会用从英国人那里学来的东西来对付英国人。他们想得没错。不过，英国特别行动处的军官已经抵达该地区，他们并不在意，也不属于正规军。他们只考虑如何赢得战争，不考虑战后殖民地该如何治理。他们认为犹太地下组织很像爱尔兰共和军，但是却很喜欢这一点，并认为这些人不妨一用。他们称犹太人为"朋友"，因为他们知道，没有人比犹太人更想击败纳粹。

特别行动处在海法市外开设了一所学校，专门训练间谍和破坏分子，在敌后开展行动，受训的有犹太人、希腊人、阿尔巴尼亚人、南斯拉夫人等地中海地区的人。有一位教官叫帕特里克·雷·弗莫尔（Patrick Leigh Fermor），是位出色的旅行作家，后来在克里特岛参与绑架了一名德国将军①，从而名声大噪。还有一位教官叫尼古拉斯·哈蒙德（Nicholas Hammond），是从剑桥大学的教师当中抽调过来的，因为他懂希腊语。在早期招募的犹太队员心目中，他是最忠实的盟友。这所学校被称为"ME102"，这里的教师似乎都十分热爱文学。以色列作家约纳坦·本－纳胡姆（Yonatan Ben-Nahum）在一篇文章中提到阿拉伯分部的起源，称这些人"都知道吉卜林，把他的书视作《圣经》一般，经常引用"。犹太人新兵也十分熟悉吉卜林笔下的基姆，因为希伯来童子军很喜欢扮演基姆。

正如本－纳胡姆所说，要想创造像基姆一样的人，难点就在于基姆是一个神话。基姆和吉卜林笔下另一个角色莫格里②一样不

---

① 1944年4月26日，英国特别行动处和希腊抵抗组织联合行动，费摩尔少校和莫斯上尉假扮成德军宪兵，俘虏了德国驻克里特岛占领军司令克莱佩将军。

② 吉卜林的中篇小说集《丛林故事》（*The Jungle Book*）中的"狼孩"。

真实。人不可能被狼群抚养成人，也不能真正变成另一个人。一个身份由成千上万条微小的线索组成，外人无法伪装得天衣无缝。克罗地亚人可以在委内瑞拉成功假扮俄国人，但不可能在俄国装成俄国人而不被识破。即使是在自己的国家内部也十分困难，比如说，将一名来自芝加哥的美国城里人送到肯塔基州的乡下，假扮成当地居民，即使语言相同、国籍一样，他也会发现自己瞒不了多久。当英国特别行动处的雷·弗莫尔和哈蒙德混进希腊游击队中组织抵抗时，他们穿上了羊皮外套，蓄起大胡子，唱着希腊歌曲。不过他们心知肚明，就算检查站的德国人会上当，真正的希腊人也绝不会认不出来。

但在巴勒斯坦，却有特殊的条件——这里人口复杂，可以完美地冒充各种不同地方的人，从布哈拉人到布宜诺斯艾利斯人，无不可以。以犹太人为例，本 – 纳胡姆写道："假扮民族身份，并不是那些久经沙场的将军为获胜而采用的军事教条，而是遭到迫害的流浪者的活命法门，他们是为了生存而隐藏自己的身世。"

若要假扮德国人去对抗德国人，犹太人中真有人能做到。在1941年的恐慌之中，为了阻止纳粹占领巴勒斯坦，英国特别行动处和帕尔马赫在米什马尔·海默克基布兹外的森林里训练了一群战士。一位战士回忆道："晚上，我们会围坐在营火边唱德语歌。我们的营地如同真正的德国军营。我们住在饰有德国符号和旗帜的洞穴里。要是有聚会，我们就会演德国戏剧。"如果走近这个洞穴，会被身穿纳粹制服的士兵拦住。所有士兵都是德国犹太人。这儿就是"德国分部"。

双重身份一直是犹太人生活的一部分，他们是少数群体，从外表上常常很难把他们和多数群体区分开来。不同时期展现多少、隐藏多少，各个方面适应得如何，放弃某一方面是否可行，这些都得考虑。犹太人讲述过一些关于他们自身的古老故事，故事中的人物往往在关键时刻借助双重身份去帮助身处大国、遭受威胁的同胞。有个故事的主人公是一个女孩，希伯来语名字叫哈大沙，她住在波斯，取了个波斯语名字叫以斯帖。她赢得了选美比赛，成为波斯王后，及时阻止了波斯大臣策划的种族屠杀。① 我们后来明白，是超越她认知的那种神圣的安排使得她处在那样的位置。在《出埃及记》中，我们知道了摩西，他是希伯来奴隶的儿子，被当作埃及王子养大，故而在犹太人逃离埃及的关键时候，他能在宫中帮上忙。还有一个叫约瑟的男孩，在法老的宫廷中当了大官，法老赐他名撒发那忒－巴内亚，他变得非常像埃及人。后来他的亲兄弟因饥荒逃出迦南，向他乞求食物，却认不出他来。约瑟戏弄了他的兄弟们，指责他们欺骗自己，指控他们是奸细，从而挑明了这些故事隐伏的线索之一。②

　　现实中，正是这些特点，让人们觉得犹太人利用外表欺骗了所有的人，正聚在一起搞阴谋诡计——也就是说，他们都是某种意义上的间谍。对于外表和自己不相似的人，比如不同肤色的人，人们通常会感到害怕，或者不信任；而对那些外貌与自己相似，却又不是自己人的人，则会感到另一种不安。或许还有人记得阿尔弗雷德·德雷福斯（Alfred Dreyfus），这位可怜的法国犹太裔军官在

---

① 故事见《旧约》中的《以斯帖记》。
② 故事见《旧约》中的《创世记》，约瑟为雅各第十一子，被兄长设计卖为奴隶，后得到法老重用，管理埃及有方。后与前来买粮的兄弟相认和解。

1894 年被错判了叛国罪。① 德雷福斯坚信自己是法国人，但许多法国人认为他根本不是，而是一名伪装成法国人的外族人，这是对法国人身份的潜在威胁，必须被根除。几个世纪以来，犹太人都生活在其他的国家，而人们为了消灭这种潜在威胁，开展了许多行动。其中德国在欧洲展开的行动最为彻底，彼时正值 1941 年，阿拉伯分部在巴勒斯坦成立。

犹太人的多重身份和多种语言招来的诅咒，引发了犹太复国主义运动，这场运动旨在用一种语言取代犹太人使用的多种语言，用一种身份来取代犹太人的多重身份，这种语言就是希伯来语，这种身份就是后来的以色列人。这一切都是为了使这个奇怪的民族正常化。但对于间谍来说，反常情况才是天赐良机。

1941 年，面对德军的推进，英国特别行动处官员需要派特工赴叙利亚和黎巴嫩执行任务，这两个地方处在纳粹扶持的法国维希政府统治之下，预计很快就会落入德军之手。阿拉伯世界坚定地站在德国一方，因此很难招募到当地的人。但当地的犹太"朋友"可以提供一些帮助。他们处于巴勒斯坦犹太人社会的边缘，无人关注，因为他们看起来根本不像犹太人，而像阿拉伯人。

阿拉伯分部第一次现身是以叙利亚分部的形式，它曾在英国的指导下运作过一段时间。从帕尔马赫档案馆留存的几张照片来看，他们的早期训练，体现的是电影《阿拉伯的劳伦斯》中的精神。

---

① 法国著名作家左拉曾写了《我控诉》一文，为之申冤。

几名特工被派往叙利亚和黎巴嫩做卧底，打扮低调。但1942年纳粹在阿拉曼战役中遭受挫败，入侵的威胁消失了，这次行动也就变得无关紧要。到1943年，同盟国在战争中占据上风，巴勒斯坦的恐慌平息了，英国人和犹太人想起了先前的不和。叙利亚分部就此解散。

但此时帕尔马赫的指挥官们脱离了英国的控制，开始非法运作，他们十分明智，深知"变得像阿拉伯人的人"的价值，认为必须保留这一分部。此时分部的成员不超过20人，指挥官将他们安置在迦密山上一个偏僻的废墟里。萨姆安原本受雇于英国人，如今是一名阿拉伯语教师。他被帕尔马赫召回担任首席教官。他剔除了分部中阿拉伯人身份不强的成员，这样的人似乎不少。然后他再用新的特工来替补，其中就有以撒和迦玛列。他就这样组建了独立战争开始阶段的阿拉伯分部，也就是本书开头讲述的那个部门。

就这样，那些"变得像阿拉伯人的人"尝试以他们复杂的犹太身份为武器，创造出这样一个地方，在那里他们的身份可以不再那么复杂——在这个国家，他们的孩子不用再像波兰人、俄罗斯人、阿拉伯人或任何其他人，而只是他们自己。正因如此，1948 年 5 月初，在众多城市沦陷、多数阿拉伯居民逃离之后，在五支阿拉伯军队奔袭而来、给犹太人带来前所未有的可怕威胁之前，两位陌生的年轻人出现在海法阿拉伯区离码头不远的空旷街头。

11. 难得的机会

在以色列军事档案新解密的文件中，有一份当年 5 月初在犹太指挥官当中传达的简报：

主题：黎明计划

没时间解释了。

我们一定不能错过这个难得的机会，要把黎明计划中的人安插在难民中，让他们混入敌军，特别是混进邻国开展行动。指挥小组需要一小笔资金，还需要关于目的地和目标之类的指示。我们必须马上行动……

希勒尔 [①]

海法的战事过去还不到两周，用一位访客的话来说，阿拉伯区已经成了一座"残骸之城"。街上空荡荡的，只有流浪猫出没。

一小群妇女、儿童和老人带着行李坐在港口附近的街上，等着

_____

[①] 希勒尔是以色列·加利利（Yisrael Galili）的代号，他是犹太复国主义运动的一名领导者，负责防务。（作者原注）

大客车载着他们穿过战线，到达黎巴嫩边界，再前往贝鲁特。大客车停在附近，但司机去了别处，想等着更多的人来或是现有的乘客同意付多一些钱，他才肯发车——这趟行程很冒险，要价不能低。这时，两个陌生人不知从哪儿冒了出来，并且坐了下来。这两人看起来二十岁出头，都留着小胡子。戴着圆眼镜的人说，他之前见过对付犹太人的战斗行动，现在要加入正在集结、准备进攻的军队。说话的人是阿卜杜勒·卡里姆，也就是以撒。

另一个人是港口工人，帽子上有个弹孔，他先前见证过"出埃及"号轮船入港，也曾被军队赶上卡车看押起来。他名叫易卜拉欣，这是他自己选的名字。他在也门出生时，父母给他取的名字是哈巴谷，取自《希伯来圣经》中最不显眼的小先知的名字。下面几行句子就是这位小先知写的：

> 我要站在守望所，
>
> 立在望楼上观看，
>
> 看耶和华对我说什么话，
>
> 我可用什么话向他诉冤。
>
> 他对我说：
>
> 将这默示明明地写在版上，
>
> 使读的人容易读。
>
> 因为这默示有一定的日期，
>
> 快要应验，并不虚谎。

这位与小先知同名的阿拉伯分部成员是一名诚实的见证人，一位异常敏锐的观察者。哈巴谷险些被一名认识他的士兵识破伪装，之后他设法回到分部，留下了一份报告，从阿拉伯人方面描述了他刚刚经历的犹太人攻占海法的过程。报告内容生动，语气冷静又富有同理心，成为记录1948年战争最动人的文献之一。

哈巴谷（易卜拉欣）两次被安插到海法，每次时间都很长。他要忍受孤独，还要不断撒谎，几次濒临崩溃。每周五晚上，也就是安息日前夜往往最难忍受。他独自待在廉价旅馆，"一想到朋友们围坐在桌旁，欢声笑语不断，"他写道，"糟糕的情绪便向我袭来。"有时他会偷偷去找收音机，收听希伯来语音乐节目《如你所求》(*As You Request*)。有一次，他甚至离开阿拉伯区，沿着迦密山的山坡朝上走，到犹太区去看望他以真实身份交往的朋友，一起坐在咖啡馆里，用希伯来语聊天。这一行为严重违反了规定——虽然当时还没有什么明确规定。指挥官发现后把他训斥了一顿，之后他再也没这样做过了。

尽管阿拉伯分部的人经常以流动工人、理发师和小贩的身份进出阿拉伯区，执行快速任务，但真正的计划是让他们在阿拉伯社会站稳脚跟，建立更深的伪装。这样既能得到更有价值的情报，也可避免来回穿梭的危险。首先执行这一计划的是性情不稳定的亚库巴。他乔装成叙利亚浩兰地区来的劳工，被派到海法港口干了一段时间。他和工友一起捏虱子，忍受巴勒斯坦阿拉伯人工头的欺压，从扛活的麻袋里偷杏仁和椰枣，晚上去打烊的鱼店，睡在腥臭的地板上。几周之后，这名间谍开始神志错乱。他回忆说："在那段日子里，我甚至觉得关于帕尔马赫的一切，还有我在耶路撒冷度过的童年也许都是一场梦，或许我真的是一个浩兰人。"三个月后，他崩溃了，央求组织让他回家。让亚库巴感到愤怒的一点就是对于指挥官而言，伪装成阿拉伯人就是要变得又脏又穷。按亚库巴的话来说，指挥官的意思就是："吃得比狗差，干得比驴多。"他觉得这种想法太夸张了。

另一名派到死海化工厂的特工也无法坚持下去，不得不及时撤回。而哈巴谷则坚持到海法被攻占后才回来报告情况。此时他与以撒相伴，要打入敌人领地的更深处。

这两位特工都已憔悴不堪。他们刚从海法城外一个山洞改建的临时监狱放出来。监狱是犹太军队哈加纳用来关押阿拉伯嫌疑犯的。之所以被关押在那里，是为了增强身份伪装。只有监狱的负责人知道他们的真实身份，连看守都被蒙在鼓里。他们被关进来时眼睛是蒙着的，一名看守朝以撒的后背狠狠踹了一脚，他摔倒在地上，强忍着不喊出声，暗暗发誓，如果看守再来一脚，他一定会转过头大骂"yob tvoyu mat"，这是俄语中最恶毒的咒骂，是他在基布兹从德系犹太人那里学来的。他觉得这句话肯定能让看守恼怒不已，至于会不会暴露身份，他也不在乎了。但看守转身离开了。

在监狱的那几天，两名特工与30名囚犯挤在一起，牢房里只有一个充当马桶的水桶。他们背靠着背睡觉，以防其他囚犯在黑暗中偷袭。他们还经受了一场真实的审讯，审讯者是两个说阿拉伯语的犹太人。以撒交代了编造的生平之后，一名审讯者用希伯来语对搭档说：这个混蛋在撒谎。事实的确如此，这也说明比起做间谍，犹太人可能更适合做审讯者。

最后这两人又被蒙着眼睛，带进了一辆等待着的车。坐进后座时，他们还是阿拉伯囚犯易卜拉欣和阿卜杜勒·卡里姆，车开了不远，下车时他们又变回了阿拉伯分部的哈巴谷和以撒。他们被带到了特尔奇之家，这个旅馆过去总是登广告，宣称自己是海法"最漂亮、最受青睐"的。旅馆位于迦密山西坡的松林里，离海边只有六分钟的车程，但此时已变成简陋的军队指挥部，负责海法及周边地区的战斗。分部的一名指挥官正在那儿等着他们。

他们没有欢送会，也没有任务简介。全国已有成千上万的人死去，还有更多的人即将失去生命。犹太人正为应对阿拉伯国家的入侵做着准备，人人无暇他顾。这两人将要去贝鲁特，但他们首先要弄清楚怎么去那儿。他们没有电台，也没有其他交流的途径。如果犹太人坚持抵抗的话，分部的人会来找他们。军官给了两人一些钱，还给了以撒一把小手枪。军官说，祝你们好运，就这样吧。就像古老的帕尔马赫寓言讲的那样，这两位间谍领会了他的意思，动身沿着陡峭的街道朝山坡下的阿拉伯区出发，一边走一边恢复着他们的阿拉伯人身份。而要恢复真实的身份，则要过很久很久。

两人到了码头边的街上，见到一群难民正等着离开。边上的大客车没有要发动的迹象，以撒去找司机，发现司机正在一旁和其他几个人悠闲地喝着饮料。

以撒指着难民问司机：为什么这些人还坐在路边不能上车？司机没搭理他。以撒抓起司机的手，贴到自己胸前，让他透过夹克衫感受一下手枪的坚硬。

我是雅法来的圣战士，帮个忙。以撒（阿卜杜勒·卡里姆）说道。

很快，他们坐着大客车驶过空荡荡的商店和房子，离开这座无人居住的城市，来到了加利利的乡下。没过多久，他们就到了一个由外国志愿军把守的检查站。这支志愿军被称作阿拉伯解放军，没等英国人撤出就进入了巴勒斯坦。阿拉伯解放军的指挥官是法齐·卡乌基（Fawzi al-Qawuqji），他声称要对犹太人发动"全面战争"，并且要"消灭、破坏、摧毁阻拦我们的一切"。阿拉伯解放军的徽章是匕首刺穿的六芒星。

阿拉伯士兵挥手让大客车停下，两名士兵上了车，扫视着乘客的脸，并发现了这两个年轻人，把他们叫到一边。符合兵役年龄的男人不应该逃跑。

我们离开家乡、抛妻弃子来帮你们打犹太人，你们却要离开自己的家乡逃跑？一名士兵咒骂着以撒。

以撒掏出了手枪，说道，如果这把枪会说话，它会自己告诉你我杀了多少犹太人。

士兵问他为什么要离开。

犹太人杀了我的父亲，以撒一边回答一边圆着谎，我母亲带着弟弟妹妹去了阿勒颇的娘家。以撒经常在编造身世时提到阿勒颇，这样一来，别人发现他有阿勒颇口音时也说得过去。

我是长子，我要对他们负责，以撒说，我必须要保证他们的安全，但我会回来战斗的。

士兵挥了挥手，让他们通过了。大客车驶向了黎巴嫩边境。雨季即将结束，大客车两边是绿色的田野。与其他乘客不同的是，我们的两位主人公并不是逃到了安全的地方，而是进入了更大的危险之中。不过，他们也和其他人一样，不知道自己最终会走到哪里，也不知道是否还能归来。

12. 以色列的沦陷

大客车向北驶出巴勒斯坦进入黎巴嫩边境，迎接这两名间谍的是一幅令人震惊的景象——大批军车迎面驶来，开往阿拉伯人的进攻阵地，有运兵卡车，有大炮，有装甲车。这样精良的装备，他们只在英国军队见过，他们自己用过的最重型的装备也只是步枪而已。相比之下，犹太人能拿出的最精锐的部队帕尔马赫显得非常可怜。

此时哈巴谷也许想起了米拉，那个他将要离开的女战士。几个月以来，米拉一直在武装护送前往耶路撒冷的车队。她端着司登冲锋枪，骑在装蔬菜的板条箱上，从烧毁的汽车旁一路驶过。这些车是先前车队遭遇伏击后留下的。这份差事已然十分危险，但雪上加霜的是，之前她在加利利居住的基布兹，也就是她和哈巴谷在营火边相遇的地方，现在正处于阿拉伯解放军的威胁之下。等入侵的军团一到，几支新的军队就会朝着她的方向扑来。

我见到米拉时，她已经85岁了，身形瘦小，声音嘶哑，却令人生畏。她仍然住在阿隆尼基布兹。我问她，1948年5月时有没有失去信念。她说没有。那时她17岁，知道帕尔马赫不会输。"你只能相信那些付出一切的人，别无他法，"她说道，"他们紧紧团结在一起——人人为我，我为人人。他们一起出发，也一起回来。"
此时，在巴勒斯坦和黎巴嫩边境，她的男朋友正透过车窗看着外面
阿拉伯军队的集结地，他的想法可不那么肯定。战士们并非总能一
起回来，也许根本就不会回来。这一点米拉也知道。她的一个哥哥
名叫本·锡安（Ben Zion），是帕尔马赫的机枪兵，就在那几周当
中战死在先知撒母耳村。然而战争还是不肯放过她。

大客车沿着海岸进入黎巴嫩，离开边境，经过推罗（Tyre）和
西顿（Sidon），到达英国作家简·莫里斯（Jan Morris）所说的那
个"不可思议的城市"。她当年的描述如下：

> 它位于在黎巴嫩山脉与地中海的交汇处，环境之迷人，不
> 可思议；它那随心所欲的个性、无所顾忌的欢娱、胡乱应付的
> 搪塞，不可思议。许多严肃的理论家抨击它的制度完全行不通，
> 但它径自繁荣地发展着，亦是不可思议。贝鲁特就像大黄蜂一
> 样：从空气动力学来看，大黄蜂根本就无法飞行；从所有的规
> 则和先例来看，贝鲁特根本就不该存在。
>
> 但它就矗立在那里，一甩卷发、一扬裙摆，在众多城市当
> 中，就像美丽倔强的卡门……
>
> 在这儿，你能看见政治流亡者谈论无休无止的阴谋诡计；
> 能看见穿着华丽、长着鹰钩鼻的酋长们捻着念珠，坐拥金光闪
> 闪的阿拉伯家什，沉醉在珠光宝气当中。这里有穿着丝绸的叙
> 利亚淑女，身形苗条、眼神柔美；也有海边的妓女，头发卷曲、
> 饱含情欲，阿拉伯风情中带点巴洛克味道。
>
> ——简·莫里斯《世界》

尽管我们明知本书的故事并非发生在这位西方记者描绘的梦幻世界，也不会有衣着华丽的酋长或饱含情欲的女人，但她的描写实在太精彩，一提到贝鲁特就不能不引用。贝鲁特是个阿拉伯大都市，长年处于法国的殖民统治之下，现在仍由亲法的马龙派基督徒控制。在这片小小的沿海飞地，阿拉伯其他地区那种严厉的道德主义难成气候，这儿的风不像阿拉伯的风，而更像地中海的风，氛围是自由放任的。贝鲁特优雅地坐落在黎巴嫩山脉与大海之间，冬季会覆盖上皑皑白雪，像塞萨洛尼基（Thessaloníki）、大马士革和伯尔尼（Bern）的混合体。

起初，这两名间谍与其他难民一起被安置在一所学校，但两人很快就离开了，以免有人问起一些令人不安的问题，比如他们家乡怎样，亲人如何。他们没有入住廉价旅馆，而选择了租房。两人来之前得到的唯一指示，就是每天下午到市中心一个烈士广场逛上几小时，寻找一张熟悉的面孔——那个知识分子型的同志迦玛列，他在当年早些时候失去联络之前，想必也得到过同样的指示。

他们冒险离开旅馆，进入这个大都市，一路上形影不离，只见贝鲁特街头挤满了漫无方向、背井离乡的异邦人。他俩挤到了烈士广场。长方形的广场混乱不堪，边上围满了汽车和马车，中间都是人。有的人刚刚下班，有的人刚走出广场后面拥挤的老市场。老市场之类具有中东特色的东西，还是有一部分躲过了法国建筑家对这座城市进行的现代化改造。这里有匆匆赶往广场以北的小赛莱尔宫去政府办公厅办事的市民，也有城市里常见的形形色色的乞丐和小贩。以色列军事档案的情报文件中有一幅 1942 年的地图，题为"贝

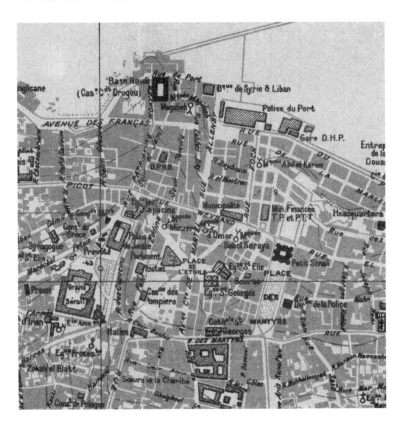

鲁特市"，似乎是特工或者指挥部用过的。地图里的细节展现出烈
士广场及其周边的情况。

如果在工作日结束后待在广场，你就能见证气氛如何发生转
变：办公室关了门，咖啡馆重现生机，穷人消失了，回到了城市边
缘的街区，富人和外国人前往黑象俱乐部或奇巧俱乐部观赏卡巴莱
歌舞。正如一部关于贝鲁特的历史书所说，这里"意欲重现巴黎夜
晚的盛典，又加之以东方的感官享受"。到了此时，真正的活动才

开始。你可以从长方形广场的东侧进入一条以伟大阿拉伯诗人穆太奈比的名字命名的街道。这里就是红灯区，有许多有名的场子，比如希腊的玛丽卡·斯皮里登（Marika Spiridon）夫人经营的那家——她的沙龙经常招待本市的政客和贵族。这些妓院是合法经营的，每周都要接受治安警察的卫生检查。

在烈士广场上的人堆里，两名间谍并没有找到那张熟悉的面孔。他们没办法联系到迦玛列，也联系不上其他人。异乡人的涌入，让贝鲁特陷入了一种"防间谍"的狂热。气氛如此紧张，以撒至今还能记得，当时空气中不断飘荡着"间谍"一词——"jawasis, jawasis"。有一份报告说，有一名老乞丐被人发现是犹太间谍；还有传闻说，要分辨间谍，就查查背上或者嘴里有没有标记，比如说智齿上有没有六芒星。据说有人就因此在叙利亚被识破。但凡陌生人皆有嫌疑，而周围到处都是陌生人。

贝鲁特的警察开始四处搜查旅馆，寻找间谍。以撒和哈巴谷决定在居民家中租床位，这样更加安全。他们来到街边一家中介，说想租一个带家具的房间，和房东一家人住在一起。中介首先问起两人的宗教信仰。他问得小心翼翼，倒是符合黎巴嫩人的行事方式，民族和信仰之类的问题都是一触即发的因素，日后这些因素也确实成为让黎巴嫩四分五裂的力量。以撒回答，"Al-hamdulillah muslimin"，意思是"赞美真主，我们是穆斯林"。

店员提醒他们，很少有穆斯林家庭愿意接收外来男性，因为如果家里有女眷的话就不合规矩。但是基督徒就可以接受，店员表示。最后二人跟一个女基督徒合住了几天，但她问了很多问题。再次搬家时，他们找到了一个通到院子的房间，院子里还有公用厕所，以撒在阿勒颇长大，当时住的地方就是这般简陋。然而计划被打乱了。有一天，一个女人在以撒之后去厕所，发现了可疑之处：阿卜杜勒·卡里姆，这个巴勒斯坦的工薪阶层穆斯林，居然用了厕纸，这是西方中产阶级才有的习惯。当地人上厕所后则是用水冲洗，以撒之前也是这样做的，只是到了以色列故土后才改用厕纸。

哈巴谷（易卜拉欣）肯定没有同样可疑的行为，所以这个爱管闲事的女人找到了他，问道，你的朋友是什么人？

怎么了？哈巴谷问。

他有点奇怪，这个女人说，然后提到了厕纸的事。她觉得以撒可能是犹太间谍。

哈巴谷向她保证，他与阿卜杜勒·卡里姆结识多年，他这位朋友是因为患有疾病才遵照医嘱使用厕纸。这个女人被说服了，但他俩又被吓得再次搬家。

以撒有过几次侥幸逃脱的经历，但其中一次成了困扰他许久的梦魇，从讲故事的谨慎程度来判断，他应该至今还心有余悸。在我们常待的厨房里，90岁的他用苍老的声音细细讲述了这件事——即便轻描淡写，仍显跌宕起伏。之后的几次见面中，他还多次问是否已经给我讲过这个故事，还把几年前他让女儿打印出来的文字版交给了我。

事情发生在独立战争之前，在一处贝都因人的营地。这处营地坐落于偏僻的公路边，公路穿过加利利海以西的高地。一天下午，以撒手里拿着阿拉伯语报纸，来到营地。他编了个故事，说自己在找寻牲畜，为父亲在雅法的肉食生意找货源。那些不识字的贝都因人用惯有的热情迎接了他，在主帐篷里用咖啡招待他，还谈了谈卖牛的事情。之后他们请他读读这份阿拉伯语报纸上的一篇文章，他照做了。文章是关于阿拉伯妇女进步事业的，文章说妇女已经在政治地位和受教育方面取得了巨大进步。为了更好地融入角色，这位戴着眼镜的访客对贝都因人说，我认为，要是我们的阿拉伯妇女都像这样的话，我们的民族就会有未来。

主人们似乎很高兴接待了一位有文化的客人。他们端上肉来招待他，肉质不好，又硬又白，得浸在水里泡软了才能吃。但以撒并不意外，他之前有过类似的经历。他刚在附近的牛肉市场待了几天，学了一些行话，知道怎么问关于奶牛和山羊的问题：它还能生仔吗？它产奶吗？它的牙口怎么样？

吃完晚饭，一个先前没见过的人弯腰进了帐篷。他留着长长的白胡子，周围的人都很尊重他。此人便是他们的族长。他一眼就看到了以撒。

你从哪里来？族长问。雅法？你父亲的店铺开在哪？

清真寺对面，以撒（阿卜杜勒·卡里姆）回答道。他提到了雅法的两家店铺，说他父亲的店就夹在中间。一个贝都因乡下人对大城市又能了解多少呢？

族长停顿了片刻，说，雅法的那片地方我了如指掌，那里没有你刚才说的那家店铺。

外面天已经黑了。族人围着这两人，他们对以撒的兴趣现在有了不同的意味。混到城里的阿拉伯人当中是一回事，而现在的情况又是另一回事。有那么一会儿，以撒仿佛死尸，一声不吭。

你看，他一边说着，一边努力保持平静。如果我坚持说这家店铺确实存在，那就会被认为是在说这个年纪和我爷爷相仿的老人家在撒谎。所以我来当说谎的人，他说的才是事实，或许这样才比较合适。

这是个好回答，但老人又发话了。

孩子，他说，你如今受到我们的保护。如果你是从警察局、从监狱或者从家里逃出来的，或者是惹了什么麻烦，待在这里会很安全。如果你想让我们帮你偷渡到叙利亚、黎巴嫩或者约旦，你就直说，我们安排马匹送你去。不管你想去哪儿，我们都会派两个人护送。只是看在真主的分上，不要跟我们编造什么买牛的事。

老人知道以撒在撒谎，以撒也心知肚明。但如果现在改口，他会更不知所措。过了一会儿，几个人把他带到营地外围的一顶帐篷，把他留在那里。他看见附近的山上灯光闪烁——那是犹太人的村庄。他可以逃去那里。但他生怕贝都因人是故意留他在这儿，试探他是否会逃跑，只要他一有动静，他们就会立马逮住他。他躺下来假装睡觉，琢磨着接下来会发生什么事。过了几小时，有人摇醒他，让他出示身份证。以撒拿出了一纸证明，上面写着他叫阿卜杜勒·卡里姆·穆罕默德·西德基。

早上，几名族人过来，将身份证明还给他。他可以走了。至于牲畜，他们说无可提供。也许这些人最终相信了他。或者更有可能的是，他们只是不想俘虏他、杀死他，否则会给部落带来更大的麻烦，这样做不值得。所以，他们反倒是放走了以撒，让他知道自己参与的这场赌局的风险有多大，也让他明白自己的伪装并不完美。

两名间谍到达贝鲁特不到两周，5 月 14 日，英国驻巴勒斯坦的最后一任高级专员到达海法港，登上皇家海军"尤里亚勒斯"

（*Euryalus*）号巡洋舰，永久地离开了。随着米字旗降下，30 年的英国委任统治就此结束，阿拉伯人的入侵开始了，1948 年战争由此进入了第二阶段。如今犹太人不仅与当地游击队作战，还要对抗来自四面八方的军队，背后就是大海。

以撒和哈巴谷没法弄明白到底发生了什么事。他们唯一的消息来源是贝鲁特报摊上阿拉伯语报纸头条上的捷报：

> 阿拉伯军团攻占耶路撒冷
> 深入中心地带并消灭了
> 犹太人最后的抵抗力量
> 黎巴嫩播报首份军事报告
> 黎巴嫩军队已完成使命

还有其他的报道和传言：阿拉伯解放军驻扎在海法市的入口，正准备从犹太人手中夺回这座城市。埃及人正从沙漠赶来，准备对特拉维夫发动最后的进攻。《贝鲁特晚报》（*Al-Masaa*）还刊登了一则政治讽刺漫画：耶路撒冷阿克萨清真寺门口，一条长鼻子、大胡子的犹太蛇被阿拉伯战斧砍掉了头。

英国撤离的那天，犹太国宣布成立——也就是说，发布了一份宣言。宣言是由大卫·本－古里安在特拉维夫一个闷热的房间内对着在场的名流宣读的，整个仪式只有 32 分钟。此时房间外的战况十分可怕。仅在那天早晨，就有三处犹太人定居地向阿拉伯军队投降。本－古里安的宣言表达的只是希望，而非事实。犹太复国主义领导人进行了投票，决定将国家命名为以色列。这意味着以撒和哈巴谷成了"以色列人"。他们也刚刚成了第一批以色列间谍。但是他们不知道这些事情，不知道自己有了国家。

作家赞·菲尔丁（Xan Fielding）曾在英国特别行动处度过了二战时期。克里特岛被占领后，他发现自己与外界隔绝了。他描写了这种被困住的感觉："在过去两周多的时间里，没有了无线通信，我总有一种慌乱和迷失的感觉，就好像上帝不复存在了。"他还写道："掌管我命运的指挥部无影无踪、遥不可及，在我眼里已成了一种堪比上帝的力量。"菲尔丁不用担心家乡被占领，但阿拉伯分部的人却不一样——指挥部不仅失去了联系，而且已经不复存在了。他们这种失去上帝的感觉，比菲尔丁更甚。

这两名间谍从阿拉伯语报纸中得知形势已经恶化。伊拉克、埃及、外约旦和叙利亚的军队同阿拉伯解放军一起，深入先前英国委任统治的领地。埃及的飞机轰炸了特拉维夫。在边境上的沙哈尔·哈高兰基布兹和马萨达基布兹，先驱者们舍弃了自己的房屋，眼睁睁看着叙利亚战士将它们烧毁。

> 阿拉伯人拒绝了犹太人的投降
>
> 耶路撒冷的犹太社区撤离
>
> 阿拉伯人随后开始炮击
>
> 并追逐逃亡者
>
> 拉马特雷切尔定居地落入阿拉伯手中
>
> 约旦军队和埃及军队之间
>
> 最后的障碍已经清除

也许这个国家永远不会诞生，也许它已经死去，也许萨姆安老师已经消失了，也许整个阿拉伯分部也不复存在。也许犹太复国主义者想象中的"以色列故土"只是一个短暂的梦，而以撒和哈巴谷两人将被抛弃在阿拉伯世界。世界上只不过是多了两个难民。

"我和哈巴谷忧心忡忡地看着对方：接下来会怎么样？"以撒回忆道，"要是阿拉伯人占领了海法、特拉维夫和耶路撒冷，我们的命运又会如何？我们应该留在贝鲁特吗？在这里，我们无事可做；可要是回去，又能回到哪呢？"他还记得他们看见过阿拉伯人的入侵军队向南开进，他觉得报纸上看到的消息可能是真的。哈巴谷开玩笑说自己并不担心，因为他有犹太人战败的应急计划。"我们总能作为阿拉伯人回到巴勒斯坦的。"他说。

13. "三个月亮"报刊亭

一天下午，他们终于在烈士广场找到了迦玛列。迦玛列是本书四名间谍中最为审慎的，他化名为尤瑟夫·艾哈迈德，已经独自在这里开了几个月的小店，其间没有和任何人取得联络。可以想象，这次见面他们一定十分激动，但他们在回忆此事时并未过多描述。1948年初夏，这三位年轻人在贝鲁特见面了，周围的人都没注意到他们，而犹太国家的第一个国外情报小组初现雏形。

他们三人没有上下级关系，这倒符合帕尔马赫的无政府主义文化。但迦玛列在贝鲁特待得最久，因此三人以他为主导。他们依然没接到指令，也不知道该做些什么，所以晚上一起出去吃鹰嘴豆泥和豆子，去工人餐厅吃便宜饭菜。他们没多少钱，也不知道何时才能得到更多钱。特工组织的基本规则就是互不交叉，但他们谁也不知道什么规则，三个人还是在一起行动。

不久，另一张熟悉的面孔出现在烈士广场。这个人是沙乌尔（化名陶菲克），他是混在难民中搭船逃离海法的。第五名特工西蒙从陆上穿越边境，也到达了贝鲁特，他很快就前往大马士革，在那里建立分部的情报站。西蒙带来了一台看似普通的收音机，装在老式木箱中。收音机里藏着他们的无线电发报机——总算有这东西了。

　　哈巴谷曾接受过无线电操作的培训，于是由他来负责这套设备。他和以撒一起找了个屋顶的房间，把发报机藏在房间的抽屉里，又将天线伪装成晾衣绳。在南边的以色列那头，阿拉伯分部的指挥所安在基瓦特·哈什洛沙基布兹，棚屋角落有张木桌，桌上有一架电台。

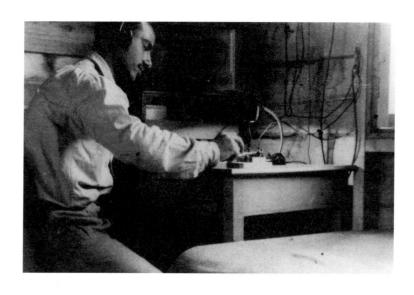

　　在贝鲁特那头，哈巴谷坐下来发报，频率对上了。

　　身在贝鲁特的几个人迫切地想知道战争的确切进展，此时听说他们的新国家还在坚持抵抗，但已损失惨重。战争开始时在巴勒斯坦的犹太人，每一百人当中就会有一人在战争结束前死去。战争的结果仍不确定。刚接上头的那几周，指挥所的发报员给他们发送了太多的问题，哈巴谷每天不得不回复好几次，使得信号被侦测到的概率大为增加。17年后，正是这一错误使得叙利亚人在大马士革抓住了间谍伊利·科恩。回到1948年初夏，指挥部认为黎巴嫩侦测不到信号，但谁也无法确定这一点。

他们在市中心附近租了房子，努力让自己的生活看上去更真实可信。迦玛列继续开着他的糖果店，其他人则盘下了一间报刊亭，位于一所名为"三个月亮"的基督教小学附近。他们在报刊亭与遇到的人聊天，特别是与军队和政府相关的人。迦玛列阅读报纸，写成摘要，再由哈巴谷每天将值得注意的情况编码发送出去，包括议会中的辩论、阿拉伯领导人的好战言论，以及战争热情高涨或低落的迹象：

> 会议期间，通往议会大楼的路都封锁了，没人能靠近。黎巴嫩总理里亚德·索勒赫（Riad al-Solh）讨论了巴勒斯坦的问题……他希望阿拉伯人能联合起来，这样他们就能利用巴勒斯坦不稳定的法律形势拯救巴勒斯坦。如今阿拉伯人的任务就是要步伐一致，言语一致，不惜一切代价拯救巴勒斯坦。
>
> ——黎明

阿拉伯分部指挥部的棚子那头，情报处将这些信息编进报告，交给该国的将军和政治家，而他们必须对当前错综复杂的军事威胁进行判断。黎巴嫩是计划跨过国境支持阿拉伯人的行动，还是在等待战争平息？叙利亚人是自信满满还是灰心丧气？没有超级特工，没有破解危局的秘密文件，也不能靠简单一击就解决所有问题。有的只是一潭深水般的局势，里面满是不断变动、自相矛盾的事实。

以色列的情报官员深切关注战争中数十万阿拉伯难民的命运——他们数量有多少，最终去向如何，能否在阿拉伯世界重新定居？这些问题的答案具有重大意义，因为如果国内大量的敌对群体与国外的敌对地区勾结，这个新国家就无法存活下去。特工们看见了贝鲁特郊区的难民营。他们不遗余力地报道了黎巴嫩人对待难民的方式（同情难民但没提供多少资金援助），以及国际援助组织提供给难民的援助（给钱、给物资，但大多数没有落到需要的人的手中）。

特工们还描述了敌国的气氛：夏季逐渐过去，阿拉伯人锋芒锐减，气氛也发生了变化。值得报道的胜利寥寥无几。此时迦玛列在一份报告中写道："报纸把犹太人描绘得极其野蛮残忍，但又胆小软弱。"他报告说，许多人都相信犹太人"屠杀儿童、虐待孕妇、强奸处女"。"犹太人"这个词开始带有邪恶的意味。

迦玛列还报告说，人们对战争的热情在减退。尤其是黎巴嫩的基督徒，不少人一开始就对战争缺乏热忱。一些黎巴嫩基督徒将犹太国视作对抗伊斯兰世界的潜在盟友，还有一些则完全否认自己是阿拉伯人，而自认为是古代腓尼基人的后裔。迦玛列写道，但即使是基督徒当中，"也不可能找到一个有影响力的团体愿意发声反对战争，支持和平……因为人们已经被卷入反犹太人浪潮中，只有反犹太人的宣言才能赢得他们的心"。

在同一份报告中，他还指出黎巴嫩和叙利亚国防部要开展反间谍行动。"他们相信，"他写道，"在有影响力、有知名度的人当中，有一个庞大的黎巴嫩阿拉伯人间谍网络。"也许犹太总部的官员读到这句话时会嗤笑一声。

以色列在阿拉伯世界的第一个情报站就是以"三个月亮"小学旁的小报刊亭为中心的。每天破晓，城市苏醒过来，他们其中一人就会去报刊亭，撑开小窗。没过多久，第一批顾客就来了。先是早起的工人，接着是蹦蹦跳跳的学童走进"三个月亮"学校，头发一丝不乱，书本整整齐齐。这几名间谍还在报刊亭里卖点铅笔、橡皮、汽水、糖果和三明治之类的东西。"报刊亭的内部对我们来说很是有利，"以撒对总部报告说，"因为从外面看不见里面在做什么，而且中间有货架隔挡，后面可以做事，可以藏很多东西，没人看得到。"特工们买了一台普通的晶体管收音机放在报刊亭，生意不忙的时候，他们就会躲到隔板后拨弄旋钮，调低音量，找找"以色列之声"广播频道，听听新闻。

每天早晨，他们其中一人会去批发市场买点奶酪、小面包、酸黄瓜和罐装鱼肉酱。报刊亭能赚点钱，让情报点可以支撑下去，也能省点钱，因为他们可以批发食物，不用去餐馆吃。他们没有联合国发的难民卡，所以不能像其他因战争而流离失所的人那样得到食品援助。换句话说，这些特工不曾游走于奢华的晚宴，也没有潜入权力的中心。他们就像那些俄罗斯特工一样，不是出没于国会山或华尔街，而是在皇后区某所公立学校外的人行道边收集情报。

当年的夏天和秋天，以色列情报整理人员从分部的报告和其他消息来源得知：贝鲁特对空袭毫无防备；叙利亚军队刚刚订购了1000架双筒望远镜；挂着美国国旗的"交流"（Exchange）号商船停靠贝鲁特，载有112吨炸药、炮弹、轻武器弹药以及其他军火。几周后，从意大利又运来一批伯莱塔冲锋枪以及81毫米和60毫米口径的迫击炮。据报告称，在贝鲁特卸下的"战时物资"还有：

- 100 吨皮革
- 10 辆标致牌汽车
- 14 822 千克的汽车部件和 8826 千克的轮胎及内胎
- 泵
- 电话电缆
- 电灯泡
- 水银（100 瓶）
- 23 吨罐装肉
- 9000 吨美国面粉
- 240 吨芬兰纸

在拉亚克（Rayak）机场，有人报告看见 12 架双引擎或四引擎的大型飞机，但这些都是伪装模型，"是故意留在外面的"。还有 16 架双引擎的达科塔运输机，都是真飞机，但情报处的人在文件上这一处标了个问号。要看出哪个是真哪个是假是很难的。

文件内还有迦玛列偷运到以色列的包裹，里面有贝鲁特的地图和一份潜在目标清单。例如，坐标 1326021835 是壳牌石油公司的油库，坐标 1298821835 是"装满物资的大型海关仓库"。清单上还列出了有轨电车车库、军官俱乐部、广播塔、总理官邸、总统府、国防部以及联合国教科文组织大楼。在坐标 1319021714 处，他标记为"一座很容易被锥形炸弹炸毁的铁桥"。

这几名间谍以假身份定居下来，他们收集的情报在以色列的文件里越来越多，总部则更加担心他们的间谍技术。贝鲁特的这几人从没接受过专业训练，也从未准备好执行这种复杂危险的任务。就连总部的人也是如此。他们经常粗心大意。而记录表明，贝鲁特的特工不仅知道彼此的身份，知道每个人的真名、化名，还在一起生活了很长时间，更容易被一锅端。帕尔马赫的档案馆中存有许多照片，说明他们买了一台照相机。他们不仅频繁使用相机偷拍情报相关的东西，还给他们自己拍了很多照片。

日志中的信息表明，萨姆安老师和其他人都尽力向他们灌输纪律观念，要求他们小心审慎，但这一点只通过电台是很难传达到位的，况且这拨人又是在帕尔马赫自由散漫的环境里培养出来的。但是指挥官们还是尽力去提醒。例如，无线电开头和结尾总是用相同的词语，后来终于有人意识到这么做相当愚蠢——重复的词语对破译密码的人来说简直就是送上门的礼物，几年之前布莱切利园的英国团队就是这样破译了纳粹的恩尼格玛密码，所以这个做法必须要改变：

> 敌人可能会窃听我们的广播，破解我们的密码，所以明天开始有一个新指令：我们不再用"'黎明'，迦玛列"或者"迦玛列，'黎明'"，也不再用之前的结束语"保持坚强"。电报的开头不能有收件人，每次电报都要更换结束语。

几天之后，总部发来消息：

> 敌人有个监听站，正用它来对付我们，我们可能会暴露。

有人想到无线电的用电可能会引起电力公司抄表员的注意。总部建议哈巴谷购买一件电器，比如电水壶，如果住处被搜查，也能以此来掩饰用电过多的情况。

但是最有效果的警告是在某天晚上。当时他们其中几个人去电影院放松。正片开始之前先播放了一段巴勒斯坦战争的新闻片。先是埃及远征军的镜头，继而又转到埃及在加沙的警察局。警察局大楼前，有两个人被绑着，衣衫褴褛，目光低垂。旁白中说，这两人是被埃及军队抓获的犹太复国主义间谍。然而早在旁白之前，电影院里几名特工们就已经知道了。他们在座位上惊恐万分，如坠冰窟。片子里那两人是阿拉伯分部的达乌德和以斯拉。

达乌德已经结婚，妻子还怀有身孕。以斯拉的滑稽让大家印象深刻，他以前总叫别人折磨他，好让他日后接受拷打时能挺过来。这两人在屏幕上的画面只有短短一刻，但已经足够了。以斯拉没有了笑容，眼睛下方还有瘀青。他们俩伪装成逃离犹太人的阿拉伯村民，但并没能走出多远。埃及的一份公报称，他们是在一座军营附近被抓的，身上带着一个罐子，里面装着斑疹伤寒和痢疾的病菌，阿拉伯媒体称他们是"投毒者"。埃及人对他们严刑逼供，最后枪毙了他们。独立战争初期活跃的阿拉伯分部特工有十几名，此时已有五名死亡。

14. 地中海赌场

时间已经到了 1948 年秋，故事中的四名间谍还有一名没有讲，那就是情绪反复无常的亚库巴。他仍然留在以色列学习使用爆炸物。爆炸物有些是刚从捷克斯洛伐克运过来的，有些是以色列科学家研制的，比如能炸穿门和墙的锥形炸弹。

亚库巴才 24 岁，但在分部已有六年，比所有人资历都老。他专门负责搞爆炸，或者说是制造混乱。你应该还记得他和以撒一起制造了修车行爆炸事件。在那之前，他和帕尔马赫一起开展过一系列行动，还参与了后来广为人知的"桥梁之夜"行动。在这场行动中，战士们炸毁了巴勒斯坦各处的交通枢纽，使英国人的行动陷入瘫痪。他本人则在横跨约旦河的一座桥上和一名敌人肉搏，最后将匕首刺进了对方的喉咙。更早些时候，在帕尔马赫初期最为著名的治安维护战中，他是三名战士之一：他们伪装进入阿拉伯人的贝桑（Beisan）镇，抓住了一名男子。该男子涉嫌在约旦河谷强奸了数名犹太妇女。他们给那名男子下了药，把他阉割了。这件事大约发生在 1943 年。之后就没有强奸案了，帕尔马赫还一度围着营火庆祝了这一行动，虽然现在已经无人提起。大家都知道这件事不堪卒听。亚库巴并不崇尚暴力，有时候暴力让他感到恶心，比如那天对强奸犯所做的事。但他明白，他就是干这个的。

那年秋天，他终于被召唤到特拉维夫的一个军事指挥部。在战斗过程中，原来的哈加纳——也就是帕尔马赫所属的地下组织，已经开始改组成一支真正的军队，名为以色列国防军。这支军队有一个情报部门，当时还未划分成后来的几个分支：军事情报处、负责国内安全的辛贝特和负责国外行动的摩萨德。当时情报部门由一个叫大伊塞①的军官掌管。此时，他正面对着四个板条箱，等着亚库巴。

听着，这名军官说，你要潜入敌人后方。我要你开展行动，我要你执行任务，我要你展开恐怖袭击。要压制他们，让他们瘫痪，让他们措手不及，让他们气急败坏。

遵命。这位年轻的特工答道。

我相信你，大伊塞说。接下的话则带点反讽的意味，也许有心，也许无意：平和地去吧。

板条箱里装着一些炸弹、几把手枪和一架电台，电台是给即将建在大马士革的第二个情报站的。有一把崭新的捷克式冲锋枪，是给亚库巴的；还有一万英镑，是给贝鲁特小组的。一万英镑，对于亚库巴这个出身于耶路撒冷贫民窟的孩子来说，比他有生以来见过的所有钱都多。

巴勒斯坦和阿拉伯邻国的边境已经封锁，所以这名特工和他携带的物品只能由以色列海军在夜间运出去。就像这个国家一样，以

---

① 伊塞·贝里（Isser Be'eri），被称为大伊塞。情报机构还有一个人也叫伊塞，全名伊塞·哈雷尔（Isser Harel），被称为小伊塞。

色列海军也才成立几个月。所谓海军，更多只是愿景而非现实，只有几艘小船，有些还是英国人撤退时扔在海法港的破船，已经漏水了。海军所有的船都有前身。例如，"埃拉特"（*Eilat*）号曾经是美国"北地"（*Northland*）号破冰船，"哈提瓦"①号曾是美国海岸警卫队的一艘快艇，"哈加纳"（*Hagana*）号曾是加拿大的一艘小型护卫舰。

到了海法码头，这名间谍登上了一艘小型巡逻快艇，这艘快艇曾属于英国，现已改名"帕尔马赫"（*Palmach*）号。上船之后，他看见他的板条箱已装在一艘小划艇上，等到达卸载地点就会放下水。天黑之后，他们开船出海，亚库巴又一次进入了未知的世界。这就像他小时候的一次大探险。十年前，他带着一位朋友从耶路撒冷出发，步行穿过犹地亚沙漠，一直走到死海。这件事在他住的那片地方广为人知。当时他还住在菜市场边上，家中有 12 个兄弟姐妹，父母都是波斯犹太人，分别来自乌尔法（Urfa）和库尔德斯坦（Kurdistan）地区。他从未见过死海，也没有地图，光靠模糊的方向感，在荒野中穿行了一里又一里。他们很可能中途死于干渴或者中暑，但最终还是成功了。这两个男孩没有大人的陪伴，居然到达了地球表面的最低点，踏进夹在荒山间的那一汪奇异的盐水，在里面游了泳。而后，他们又搭上一辆从索多玛附近的磷酸盐厂开出的卡车，回到了家里。所有人都不相信他们的经历，亚库巴脱掉自己的汗衫，上面结的盐分太多，居然能够立起来，大家才相信了这件事。这是一次真正的探险，当然他也受到了

---

① Hatikva 意为"希望"，以色列国歌名也是 Hatikva。

重罚。

亚库巴经常受罚，有
时在家情况不妙，他会逃
到谢赫巴德尔——十字架
谷另一边的一座阿拉伯村
庄，他在村里有几个朋友。
他会在那边过夜，直到事
情平息才回家。谢赫巴德
尔的穆斯林小孩和附近的
犹太小孩都说阿拉伯语，
他自然也学会了。加入帕
尔马赫之后，有人注意到
他的语言优势，也许还有

他对演戏的喜爱，故而将他领到阿拉伯分部。从亚库巴早年一张打
扮成巴勒斯坦阿拉伯民兵的照片中，我们能感受到他的天赋。

　　等到预定的那天晚上，一旦快艇驶入敌方控制的黎巴嫩水域，
就离乌塞海岸不远了。海军已经和以撒安排好了一切事宜，亚库巴
上岸时会有一两个人接应，接头信号是手电筒闪光。他要和他们一
起把板条箱埋在沙子里，然后快速潜入城中。然而，当水手们在近
岸处朝岸边望去时，却既看不到人影，也看不到闪光。岸上的人显
然弄错了某个细节——要么弄错了时间，要么弄混了地点。他们并
非没出过这样的问题。船在颠簸的海浪中等了一个小时，但仍不
见任何人，于是上头下令返回海法。

　　亚库巴不同意。他说，他绝不会调头回去，就算岸上没人接应，

就算没人和他一起上岸，他也要独自前往。

亚库巴通过船上的无线电和总部争论了一番，最终如愿以偿。两名水手、一名机枪手和带着箱子的亚库巴一起坐上了小划艇。他们划船上了岸。船底蹭上沙滩时，亚库巴跳下小艇，一副胸有成竹的样子。他在黑暗中走了几步，寻找适合藏东西的地方，然后发现了一块围着篱笆的地，似乎是个果园。这里还不错。他和两名水手开始挖坑，机枪手在旁边放哨。浪花拍岸的声音足以盖过铁铲的声响——至少他们希望如此。但两名水手十分害怕。他们是德系犹太人，亚库巴有些担心。要是出了什么差错，他倒是可以冒充当地人，但这两人无论如何也不能。这两名水手实在太紧张了，没等埋好最后一个板条箱，亚库巴就打发他们离开了。水手跳上小艇，划回快艇，只留下亚库巴一个人在黎巴嫩。

亚库巴正在挖第四个坑，他把坑底的沙子刨出来，想再挖深一点。这时，他看见篱笆附近有灯光闪烁——不是电灯，而是煤油灯发出的黄光，更柔和一点。举着灯的是个穿着睡袍的人，离亚库巴大约有30米的距离。此时亚库巴注意到果园里有一栋房子，明白这里并非他所想的那般荒凉。这个人一定是听到他们挖坑的声音了。亚库巴缩进坑里，拔出手枪，一动不动。那个人站在篱笆旁，朝海滩这边看。不一会儿，他又回屋了，也许是认为自己听错了，也许是觉得最好别招惹深夜在海边挖东西的人。

亚库巴站了起来，将最后一个箱子推进坑里，盖上十几厘米厚的沙子，然后向内陆走去。为了防止意外，先前上级还告诉他一个备用的接头地点，就在地中海赌场。但他必须在两点前抵达，去晚了赌场就关门了，此时已经快两点了。

到了沿海公路，他开始沿着柏油路面走。已是深夜了，但公路上还有车辆。每驶过一辆车，他都跳进路边的水沟，拔出手枪，蹲在那里。他刚从巴勒斯坦过来，还没意识到黎巴嫩是一片和平景象，他应该做的事不是拔枪，而是保持冷静。过了一会儿，他发现自己并不在市中心附近，这样走下去，根本无法准时抵达。但从亚库巴在阿布沙姆修车行的表现来看，他是不会轻易放弃的。他在路边站直，等到一辆出租车靠近，就招手让它停下。现在他的身份是一名难民，来自巴勒斯坦海法，名叫贾米尔·穆罕默德·拉什迪。

到地中海赌场，越快越好，他对司机说。他还说，有个女人在赌场等着他。他充分发挥了编故事的本领，还用了个词暗示这个女人似乎不那么正经。他说两点前如果赶不到那里，那个女人就会离开。出租车沿着海滩向北飞奔，绕过拉斯贝鲁特（Ras Beirut）①，停在赌场门口，此时离两点还差几分钟。

亚库巴不想走正门，因为他害怕有人搜身，发现他口袋里的手枪和一万英镑。于是他绕到旁边，爬过树篱，发现自己来到一个室外舞池旁边。他看见不远处有人站在出口旁，正等着结账离开。那人正是迦玛列，后面站着的是把电台带来贝鲁特的特工西蒙。他们已经放弃等待亚库巴，正准备离开。

亚库巴溜到他们后面，拍了拍他们的后背，用阿拉伯语热情地说："早上好！"迦玛列和西蒙吓了一跳，又如释重负地拥抱了亚库巴，然后谨慎并困惑地说了一会话。最后一名间谍就这样到达了贝鲁特。

---

① 贝鲁特西北角的一个非常国际化的区域。

亚库巴拿出了一贯的作风，似乎没浪费一点时间。几周之内，他就在圣米迦勒（Saint-Michel）海滩附近找了一间公寓，买了一辆奥兹莫比尔汽车，把这辆车注册成了出租车。不久，他就在贝鲁特和特里波利（Tripoli）之间的南北线路上来回载客了。这份工作让他赚了点钱，给了他和乘客聊天的机会，也为他提供了掩护，让他可以在这个国家开车到处跑。

其他人也开过这辆奥兹莫比尔，好比以下这张照片，以撒坐在驾驶座，终于学会了如何换挡，旁边坐着哈巴谷。

在往返特里波利的南北线路上开了几个月之后，亚库巴又开起了贝鲁特和大马士革之间的东西线路。在这条线上他能接更多的乘客，也能进入叙利亚首都，但是这也意味着要冒险通过黎巴嫩和叙

利亚边境的检查站。亚库巴并没有退缩。他发现，如果在副驾放一沓色情杂志，通行就会顺利得多；士兵探进车窗，总是一眼就对杂志产生兴趣，并且欣然收下这份礼物。这么一来，难民贾米尔就变成了贝鲁特附近的一个上进青年，他讲话圆滑而友好，但出身难以捉摸。

　　与此同时，又有一样东西到达了贝鲁特，同样是来自海上，同样难以捉摸，同样背景复杂、动机不明——来的是一艘游艇，还有一名幽灵船长。正是在 1948 年秋天的这几周，以色列人决定开展第一次复杂的境外破坏行动。

15. 希特勒的游艇

八年前，还是暗无天日的二战初期，纳粹大军压境，正准备入侵英国。纳粹德国海军计划在胜利之际让元首沿泰晤士河逆流而上，供他乘坐的船是汉堡造船厂特意建造的武装游艇"蟋蟀"（Grille）号通报舰①。游艇长约 135 米，安装了大炮、高射炮，还有此类船只上不常见的东西。在描述这艘船的历史时，记者雷维尔·巴克尔（Revel Barker）写道："希特勒的套房尤为引人注目，有一间前厅、一间卧室和一间浴室。"套房的地板上铺着地毯，椅子和沙发"装了蛋青色的软垫"。边上还有一间相同的套房，装修成红色，传言是给希特勒的情妇爱娃·布劳恩（Eva Braun）用的。但根据巴克尔的描述，传言似乎有误，第三帝国的大人物戈林、赫斯、戈培尔和希姆莱等人也都在这艘船上待过。"蟋蟀"号的水手也很特别，他们身穿白色制服，身高都不低于 182 厘米。

结果这艘船没能去伦敦露脸，在整个世界大战中，它只有一次高光时刻：1945 年，海军元帅卡尔·邓尼茨（Karl Doenitz）登上了这艘游艇，宣布了希特勒的死讯，并接管了注定要垮台的纳粹政权。在那之后，这艘游艇就被遗忘了，直到三年后，一连串的无线

---

① 通报舰，旧时舰队中用于传递命令、勤务派遣的舰种，后被淘汰。

电加密通信在中东地区突然出现。

　　针对"蟋蟀"号的行动是陆军参谋总部制定的，总部无法改变。该任务将由我分部的一名成员执行，他接受过海上破坏行动的专门训练。

　　总部没有把水上任务委托给你们，因为这种任务要解决很多问题，须经过特殊训练。执行任务的是瑞卡同志，如果他要在黎巴嫩停留更长时间，请务必照顾好他。

后来以色列国将持续以这类行动赢得声名，但这件事才是起点。我们已经简单地讲过"破坏者""瑞卡同志"了，在本书前面部分引用了他描述的到达阿拉伯分部营地的感觉，讲到了留声机和双陆棋。瑞卡那时才 18 岁。四年前，他离开了在大马士革的家，通过相似的方式进入了阿拉伯分部——先是在基布兹变成土生土长的犹太人，接着遇见萨姆安老师，然后住进了"变得像阿拉伯人的人"的帐篷。

　　包含执行袭击任务者名字的消息是 11 月 17 日发过来的。两天后，总部发现了几个问题。前一周，一架侦察机拍到了一些照片——使用侦察机在当时算得上是一种奢侈，这也表明以色列人正在利用拥有的一切工具。航拍照片显示，"蟋蟀"号平行停靠在贝鲁特港口的码头。此时它还停在那里吗？岸边的塔楼还是整晚亮着灯吗？如今帕尔马赫的档案还保存着这艘船的另一张照片，是从岸上拍摄的。

　　特工们要乘坐奥兹莫比尔出租车去乌塞海滩，也就是上个月亚库巴上岸的海滩，接到"破坏者"瑞卡。他们无须使用亚库巴带来的炸弹，那些炸药已经被装进了防水罐，重新埋在附近。"破坏者"会自己带炸弹前来。行动当天，他们要报告海面情况是否适合执行任务，然后在岸边用手电筒发出信号，每隔15分钟就打开30秒。

　　如果读过不少关于间谍事迹的描述，或是读过关于以色列后来行动的故事，那你应该会理解这次任务在当时是多么艰难。以色列人必须和敌方领土上的一队特工取得联系，还要安排一次在海边的会合。执行袭击任务的人必须训练有素，装备齐全，一旦出了差错，必须要能混入当地居民当中，因此只能由阿拉伯分部的人来执行任务。执行者在潜水前需要目标的最新信息，因此他们拍了航拍照片。就在几个月前，以色列海军、陆军和空军还未成立，而间谍们甚至连电台都没有。如果说阿拉伯分部将袭击"蟋蟀"号游艇视作"境外行动的最高成就"，那么这一评价的出发点倒不是看最终取得了什么结果，而是看犹太人到底能不能做成这样的事情。

请确认你已经完全理解。明天联络时要清楚地回答所有问题。接下来几天你会收到有关此次任务的更多细节。

保持坚强！

犹太情报机构一直特别关注纳粹在阿拉伯的残余影响。例如，有一份 1948 年 7 月的档案，里面说看见加沙地带的埃及军队中有德国虎式坦克。还有一份档案则报告说，来了 25 名前德国国防军的人，包括"火炮、坦克和空战等方面的专家"，还提到有传言说 2500 名前德军士兵和意大利伞兵即将加入阿拉伯军队。有些报告就像上面提到的第二份档案一样，只是捕风捉影，但其他的都是事实。当时确实有德国顾问在阿拉伯军队中效力，巴勒斯坦阿拉伯人中最优秀的爆破专家，也就是 1948 年最致命的卡车炸弹的始作俑者，曾在纳粹德国接受过训练。而巴勒斯坦阿拉伯人的领袖，也就是耶路撒冷的穆夫提，在整个二战期间一直是希特勒政权的重要帮凶，他在阿拉伯世界大肆宣传，招募穆斯林士兵加入纳粹的事业。

所有这一切都强化了犹太人的怀疑，让他们深信，那些与他们为敌的强大势力之间存在联系。以色列情报机构正是在这样的背景下去理解当年秋季截获的一封信的。写信的是个德国人，此时效力于阿拉伯人的事业。信上说，贝鲁特有 20 名逃跑的德国战俘，大多数都"在元首的私人游艇'蟋蟀'号上工作"。

从那时起，以色列开始高度关注贝鲁特港口的这艘船。他们得知，此时这艘游艇已属于一位黎巴嫩商人。德国投降之后，他便在英国的一处废船场买下了它。贝鲁特不是这艘船的最后一站；以色列人得到了情报，称这艘船将要开往埃及，为国王法鲁克一世服务，而且船上正在安装新的武器。按二战的标准来说，"蟋蟀"号算不上什么，但在这里却是个威胁。考虑到以色列舰队的状况，以色列海军担心——主要是一厢情愿地认为——这艘新来的船会"极大地提高埃及海军的力量，并对以色列海军的活动区域构成特殊威胁"。这一评价来自海军对于 1948 年战争的官方历史记载，也是后续行动的官方原因。但这并非唯一的原因。

纳粹投降才过去两年半。犹太人仍在努力厘清欧洲发生的事情影响有多大，还在设法弄清有谁还活着。那段时间，在以色列的人总是聚在收音机旁，收听一个叫《寻找失踪亲属》的节目，广播员会播报一些令人心碎的寻人启事：母亲在寻找女儿；有人在寻找兄弟姐妹，他们最后一次见面还是 1942 年在罗兹[①]附近；来自匈牙利某个小村庄的人在寻找同乡，不知道还有没有人活着。对于许多人来说，战争并没有真正结束。甚至没人敢确定希特勒已经死了。

"破坏者"瑞卡这样描述了在贝鲁特发现希特勒游艇的事："这就像那个恶魔，即便已经躺在坟墓里，仍不肯接受以色列国的存在，还派出私人战舰来攻打它。"迦玛列想象游艇燃烧起来，缓慢沉入

----

① 罗兹（Lodz），波兰第三大城市。

海底。他写道，这种想法"有种复仇的甜美"。

"黎明"，迦玛列：

由于月照和海况不佳，该任务可能要从周四推迟至周六，即 11 月 28 日。我们明天会给出最终答复。

以下是进一步指示：

手电信号要在 21 点 15 分开始，在 23 点 15 分结束。人上岸后，船会驶回海里。两小时后，船再回到相同地点……

如果他到 4 点 30 分还没上船，船就会驶回以色列。他就要留在贝鲁特，等我们安排他返回。

为他准备一套和哈巴谷相同尺寸的衣服，一件冬款长外套，一个钱包，装点黎巴嫩的钱，弄瓶朗姆酒，带点吃的。

以撒到了港口打探，只见"蟋蟀"号上明显有情况：甲板上有些地方盖着防水布，陌生人禁止接近。港口附近有人在出租"哈塞兑"——一种长的冲浪板，可以站在上面用双叶桨划动。以撒和哈巴谷把冲浪板拽下水，哈巴谷躺着，以撒划着桨，摆出漠不关心的样子，就像两个小伙子在水上享受时光。游艇周围停泊着几艘小渔船、一艘英国商船和英国皇家海军"奇尔德斯"（Childers）号。前不久，正是这艘驱逐舰在地中海拦截了犹太难民船。这两名间谍靠近了"蟋蟀"号，看清了船上几个人的长相，确定这些人不是阿拉伯人。他们觉得这些人是德国人。

两人回到屋顶的房间，哈巴谷通过晾衣绳用无线电将这些信息全部传回总部。

虽然准备工作还在推进，但以撒已认为这次袭击注定会失败，因为贝鲁特小队还要面对一个很棘手的问题——这座城市里还有普通的犹太人。黎巴嫩首都有个小小的犹太社区，其中多数是叙利亚犹太人，与附近的阿勒颇和大马士革的犹太群体有血缘关系。他们长期受益于贝鲁特对于种族多样性的包容，受益于法国的影响，以及地中海东岸的国际化氛围。但和阿拉伯世界的其他地方一样，这里犹太人的地位岌岌可危。再怎么与犹太复国主义者划清界限，再怎么卑微地声明对阿拉伯事业的忠诚，在战争的狂热席卷过来的时候，他们的忠诚都变得可疑，声明也显得空洞，终究只是徒劳。当地的犹太人形同人质，只要能确保自身安全，他们什么话都可以说。迦玛列在报告中写道，当地的犹太人已经成了"野蛮行径"的目标，他们在贝鲁特居住的街区已经被人扔了几次炸弹了。以色列在此发起的任何袭击，都会牵连到他们，让他们的处境更加危险。

为了避免报复，间谍提出的几次破坏计划都被否决了，小队还接到指令，不得与外界有任何联系，这是阿拉伯分部一贯的规则：犹太特工与犹太居民之间须划清界限。阿拉伯分部创建者之一、帕尔马赫军官伊加尔·阿隆1944年与其他犹太复国主义领导者讨论过这一问题，还用了夸张的方式来强调他的观点。阿隆说："有一次，我们派往阿拉伯国家的一名使者问我，如果在路上看见阿拉伯人殴打当地犹太人，他该怎么做？"他该无视吗？他该插手吗？"我的回答是，要和阿拉伯人一起殴打犹太人。"

这条规则非常明智，但后来被打破了，造成了灾难性的后果。

那次著名的惨败后来被以色列称为"那次事件"[①]。它始于 1951 年，最初是以"宣传"为目的组织埃及犹太人，最终却演变成利用他们开展破坏行动。在埃及的间谍小组被一锅端，其成员要么进了监狱，要么被处决，还有一人在狱中自杀。这次行动本身，还有谁批准了这次对行动的问题，后来成了这一年轻国家最大的政治丑闻之一。

间谍与当地犹太人接触频繁的问题从贝鲁特就开始了，总部不止一次在通信中提出这一问题：

> 你们想必明白，不与当地犹太人接触的原则不能改变。我们可能会有所失，但从长远来看，我们要保障更重要的事情。

"更重要的事情"指的是阿拉伯世界的犹太人的生命。现在我们可以认定，犹太人在阿拉伯世界没有未来，但在当时情况还没这么明显。比如，在以撒的家乡阿勒颇，犹太人经历过公元 70 年罗马人摧毁耶路撒冷圣殿、基督教的诞生、拜占庭帝国的统治、伊斯兰教的诞生和阿拉伯人的征服，曾经被阿拉伯人、突厥人和蒙古人的王朝所统治，还经历过至少一次将城市摧毁大半的毁灭性的地震，却依然存活了下来。既然如此，为什么以色列国诞生了，他们就挺不过去呢？要在阿勒颇或者阿拉伯世界的其他地方完全铲除犹太人，似乎是不可能的。这一次他们似乎也能过得了关。所以，让特工们严守界限，让贝鲁特的犹太人不要越界，无疑是明智的。

---

① 指的是"拉冯事件"。1954 年，以色列特工在埃及招揽犹太青年，策划一连串恐怖活动。失败后，多名相关人士被拘捕，导致以色列国防部部长平哈斯·拉冯下台。

但这一界限从未明确，也不可能明确。像以撒和迦玛列这样的人在贝鲁特执行任务时，也许会觉得自己不是中东当地的犹太人——他们离开阿勒颇或大马士革之后就已经脱胎换骨了，已经是人们所说的以色列人。但他们离开的时间并不长，因此在阿拉伯人的眼中，他们和长居叙利亚的犹太人没什么不同，和贝鲁特犹太社区里人数最多的叙利亚犹太人也毫无二致。阿拉伯世界从未区分"以色列人"和"犹太人"；他们都被统称为"犹太人"。被抓获的特工越多，他们是伊拉克犹太人、叙利亚犹太人还是阿拉伯本地的犹太人，就越分不清楚。

在很久之后才撰写的关于阿拉伯分部的描述当中，这些人通常被称为"以色列间谍"，他们也这样称呼自己。但他们在1948年初出发执行任务时，以色列尚未诞生，"以色列人"这一说法还没有人用过。那时他们的真实身份更加模糊。也正是因为这种模糊，他们的一些行为在专业间谍机构看来，似乎大大违背了基本的防范原则。例如，迦玛列在贝鲁特当特工时，还安排了住在大马士革犹太区的父母前来相会。后来他在写到此事时为自己辩解，称他向父母提了条件："别问我不必要的问题。"其实他不过是数年未见父母，想念他们而已。那是他最后一次见到父亲，不久之后父亲就去世了。他们一家三口坐在海边步道旁的咖啡馆里，父母是土生土长的叙利亚犹太人，儿子却是以色列间谍。

"避免与贝鲁特犹太人接触"这一指令，对于迦玛列而言尤为痛苦，因为他有两个兄弟就住在这里。他后来承认见过卖内衣的兄弟卡里尔（希伯来语名字叫亚伯拉罕）几次。他说，他只是在卡里尔的孩子们入睡后，并且在卡里尔发誓保密的前提下到过卡里尔家里。他还见过另一个卖药的兄弟苏比（希伯来语名字叫马兹利亚赫）。兄弟三人当中只有迦玛列是间谍。但是作为犹太人，他们都有复杂的身份，而且都有不止一个名字。阿拉伯世界的环境已经越来越危险，他们虽出生于此，但也必须小心翼翼，无论是卖内衣还是搞情报。

到了贝鲁特，以撒做的第一件事，就是未经允许便穿过黎巴嫩和叙利亚的边境回到在阿勒颇的老家，用的是巴勒斯坦的身份文件。哈巴谷也和他一起去了。以撒辩解说，之所以冒险，是因为要探查叙利亚的军事准备情况，但这话连他自己都不大相信。他只是想回家待几个小时，确认自己来自哪里，确认"扎基·沙索"这一早年的身份是真实存在的。这种冲动能引起许多移民的共鸣。他没有告知父亲就离开家乡，加入犹太复国主义组织，现在已经过去整整六年了。

这两名特工穿过迷宫般的小巷，走向犹太人一直聚居的街区。离那里不远就是阿勒颇城堡，它俯瞰着整个集市街。以撒离家不久，父亲就去世了，而母亲在他小时候就死了。但他相信继母还活着，还住在犹太区。他找到了继母的院子，但继母不在那儿，有人说她已经搬走了。在那之前，很多犹太人已经逃离了这座城市，他们的房屋都被陌生人占据了。前一年秋天，联合国投票决定分割巴勒斯坦，阿拉伯暴乱分子随即烧毁了数百间犹太人的房子、商店以及几乎所有的犹太教堂。这里曾经是他们自己的小天地，但此时已不同往昔。见到什么人、说出什么话，都要分外小心。

以撒最终在另一个院子里找到了继母。继母走出来，一眼看到他，就念起驱赶精灵鬼怪的咒语——继母以为他已经死了，哪怕人就在眼前，她还是不信。继母把他带到简陋的房间，给他吃他最喜欢的圆面包和白奶酪。

以撒讲起这个故事的时候，我们正坐在他家的厨房里，中间的桌子上放着数码录音机。当讲到某些细节，他不时大笑或者微笑，这是他讲故事的常态。但讲到继母给他吃东西的时候，他一度闭上了眼睛，脸上露出我从未见过的满足的笑意。那滋味仿佛还在他的唇齿之间。

那是他最后一次见到故乡的城市。虽然临走前他要继母保守秘密，但还是走漏了风声。我认识另一个阿勒颇的人，他还记得当时犹太儿童都在传言说以撒——也就是看门人的儿子扎基·沙索——是一个英雄。有一天他突然消失了，去了以色列故土，和阿拉伯人战斗，而不是任由阿拉伯人摆布。多年以来没人见过他，但据说那年夏天的某一天，有人看见他像幽灵一般在巷子里走动。

每位特工都曾备受煎熬，渴望见到自己的同胞。迦玛列在回忆时提到了这样的时刻。那是几年之后的事，当时他假扮成阿拉伯记者被派到欧洲。某天晚上，正值犹太节日，他经过犹太教堂，停下脚步远远地凝望。他看见做礼拜的人进进出出。希伯来语祷告隐隐约约地传进耳朵，让他想起了自己父亲和祖父的祷告："至仁至慈的主……请宽恕我们……"他几乎崩溃了。"但我不是犹太人。"他提醒自己。他现在是尤瑟夫·艾哈迈德，一个阿拉伯穆斯林。他继续往前走。

对亚库巴来说，这样的时刻出现在 1948 年的春天。当时他与另一名特工正步行跨越边境进入叙利亚，查看军队的部署。他们打扮成阿拉伯人，腰上别着匕首，来到了大马士革。那天是周五。

这两名特工决定到处看看，就来到了大马士革著名的大市场。在一个摊位上，亚库巴发现了一小套铜制餐具，有一个罐子、几个小咖啡杯和一个放糖的盘子。亚库巴买了一套，问摊主还能不能再买一套。摊主说，店里没有了，但是家里还有一套，请他们两位巴勒斯坦阿拉伯人一同去取。

路上，摊主问他们巴勒斯坦出了什么事。1948年战争才过去了几个月，阿拉伯人的前景看起来很明朗。

亚库巴指着他的匕首说，以真主的名义，我们要杀光所有的犹太人，等着瞧吧。有你们帮忙，我们三天就能把他们杀光，一点问题都没有。

摊主的反应不像他们预想的那样。"他一言不发，只顾走路，"亚库巴回忆道，"好像有点心不在焉。我们以为他是个傻子。"他们三人走进小巷，到了摊主的家。一打开院子的大门，亚库巴一下子明白了。那是周五的夜晚，他闻到了安息日食物的气味。

我们有麻烦了，亚库巴对另一个特工低声说。但那人还不明所以。

我感觉他是我们的同胞，亚库巴小声说，提醒他闻闻这种气味。

你说什么呢？另一个特工说，这是叙利亚的食物。

摊主让他们在客厅坐着，自己进去找餐具。亚库巴确信摊主是犹太人，他熟悉这种味道。他环顾四周，看到头顶有一盏精致的铜灯，上面刻着一个希伯来语词："锡安"。

"我们脸色苍白，哽咽起来。"亚库巴回忆道。他伪装的阿拉伯身份贾米尔刚刚才放话说要杀光所有的犹太人。摊主回来时，亚库巴强忍着没有说出真相。他多想说："我们是你的兄弟，是以色列的子民。要坚强，要勇敢。"这批犹太人是当地一个小部落。他们彼此紧紧依靠，也认识到自己在中东的命运充满危险，谁也不能独善其身。但两位特工还是什么也没说，付完钱就离开了。

亚库巴经历了漫长的情报生涯，许多年后，一名研究员找他收集口述证词，他讲述了这个故事。在采访的转录稿里，研究员加了一处评注："他已经说不下去了。"

阿拉伯分部指挥部的军官尽可能把特工与当地犹太人分离开来，认为这样做能保护贝鲁特的犹太群体，以防他们被指控为"双面人"。对"蟋蟀"号的袭击在港口进行，看起来要像是海上来的外来者所为。行动获得批准，继续进行。

16. 破坏者

（1948 年）11 月 24 日上午 6 点，
"黎明"，迦玛列：

> 船到达海滩时，暗号如下：
> 以撒要问：是谁？
> 从船上下来的人要说：易卜拉欣。
> 以撒再问：穆斯塔法和你一起吗？ ①
> 保持坚强！

11 月 29 日快要到了，这一天是联合国巴勒斯坦分治决议一周年，也标志着以色列独立战争已经持续了整整一年。这个日子也给手头的工作增添了象征意义：

11 月 29 日上午 6 点 15 分，
"黎明"，迦玛列：

> 今天，11 月 29 日星期一，联合国分治决议的一周年。任务将于今日执行。

---

① 此处对话是阿拉伯语。

晚上 9 点刚过，"破坏者"瑞卡爬下小艇，登上海滩。他在便服里穿了潜水服，拎着一只箱子，里面装有脚蹼、两枚水雷、一瓶用来上岸之后暖身子的朗姆酒，还有"能量药片"，可能是甲基苯丙胺（冰毒）①。他的教官是帕尔马赫海军部队的老兵，认为带这些东西很有必要：先前英国人封锁犹太难民，不让他们前往巴勒斯坦，犹太人为了报复，要在塞浦路斯炸毁"海洋活力"（Ocean Vigour）号，也就是那艘将犹太难民遣返回欧洲的货船。执行任务时，教官在波涛汹涌的海里疲惫不堪，最终被抓获。

如果贝鲁特的特工没在海滩上等瑞卡，瑞卡就要遵照指示，前往备用地点地中海赌场接头，但如果他们也不在赌场，他就要在玛德琳之家过一晚上，那是烈士广场附近红灯区的一家妓院。不过这次进展顺利。以撒和瑞卡交换了暗号，带着他走到奥兹莫比尔汽车旁边，亚库巴就坐在驾驶座等着他们。

快到港口时，他们将车停在路边。偶尔有几辆车经过，附近的商店还亮着灯，但没人会注意他们。以撒帮瑞卡打开后备厢，正当他们从箱子里取出水雷时，有个东西爆炸了。他们对着地上炸开的朗姆酒瓶呆看了好一会儿。他俩当时肯定比后来讲述时表现出来的更加紧张。

瑞卡发现一个更严重的问题：一枚水雷的引爆器有点破损。他现在已经无计可施，只能指望第二枚水雷能引爆第一枚。他将两枚水雷绑在腰间，走过沙滩，潜入水中。

---

① 第二次世界大战中，冰毒曾作为兴奋剂和抗疲劳药，在德、日等国军队中使用。

希特勒的游艇上灯火通明，瑞卡担心光太亮了——港口处的海面波光粼粼，要是有个黑影在水上游，很可能会被发现。他看见船头对着海岸，与航拍照片的方向不一致，于是就改变了路线。边上还有一艘船，比"蟋蟀"号要高很多，正是它开着探照灯，照到了海面和纳粹游艇——那是英国军舰"奇尔德斯"号。瑞卡一边躲避光线，一边竭力靠近"蟋蟀"号。忽然之间，他看见了"蟋蟀"号上有人影晃动，还听见了说话声，于是赶忙又潜入水中。等他再露出水面时，只见水面上有一大片黑影压了过来，那是一艘驶来的渔船，他呆住了。一个渔民站在甲板上，还有一人坐着。还好他们没注意有人就在几米之外的水中游动。

渔船一驶过，瑞卡便奋力游向"蟋蟀"号的一头，摸到船体，沿着船身游动。这么一来，船舷的曲面便将他隐蔽起来，甲板上的人看不到他。他先是装好了那枚破损的水雷，然后顺着船边游了一段，又装好了另一枚完好的水雷和引爆器。"安瓿瓶一直往下滑，后来我只得用一只手摁住，用另一只手打破它。"他描述道，"然后我拔掉保险，游离了船体。"他拼命游着，祈祷着水雷在他上岸前不要爆炸。

瑞卡到了岸上就被接走了，回到了以色列。就在第二天，总部那边来了一条令人激动的消息，通过屋顶的晾衣绳传进了他们的电台：

> 所有参与这次行动的人都向你们表示祝贺。你们展现了一流的执行力——愿未来取得更多成功。

（瑞卡）已经安全回到基地。他非常钦佩你们的信念，不停地向我们谈及你们有多么出色，他对你们充满信任和感激，这令我们十分欣慰……"黎明"的所有成员和指挥官都对你们的行动表示敬佩——强大起来，永不失败。

贝鲁特的特工们当然不想把事情搞砸，但也不确定这次行动的结果是否值得庆贺。太阳升起时，希特勒的游艇依然安然无恙地停在码头，随着海水上下浮动着，仿佛在嘲笑着他们，嘲笑着那两枚隐藏在水位线下面毫无作用的犹太水雷。

第二天早晨平静依旧，第三天也是如此。

这几名间谍听说，他们几天内要再试一次，但后来又推迟了几天，计划一拖再拖。就这样过了两周，对爆炸的期待行将破灭时，一声闷响从港口传来。

终于爆炸了。贝鲁特一家报纸用夸张的口吻报道说，爆炸"燃起的大火足有 30 米高"。报道称，炸弹是安装在船头的油箱上的，炸出来的洞足有餐桌大小。

船进了水，有人担心船会沉，但是德国水手和工程师设法堵住了洞口，挽救了这艘船。调查人员认为，引起爆炸的是一枚至少装有 25 千克炸药的磁性水雷，吸附在水下 1.5 米的船体上，造成的损失估计有 10 万英镑。

关于这次神秘爆炸，贝鲁特流传着一些说法。有人说这是二战遗留下来的水雷，碰巧从地中海飘了过来。还有人将这次爆炸归咎于当地一个名叫"黑手"的犯罪团伙，他们与拥有"蟋蟀"号的黎巴嫩家族有仇。还有传言说，爆炸的元凶是反对法鲁克的恐怖分子，也就是反对埃及君主的阿拉伯民族主义势力。似乎没人想到会是犹太人。

不知道以色列人是不是感到屈辱，但他们没有表现出来。总部又庆祝了几次，这次行动被当成一次巨大的成功记载下来。"蟋蟀"号虽然经过了维修，但再也不能充当军舰了，也没有再开往埃及。这艘船被亏本出售，横渡大西洋，到了德拉瓦河，在那里拆解成破铜烂铁。希特勒套房的马桶被拆了下来，装在新泽西州佛罗伦萨的一家汽车维修厂，用了好多年。

以色列海军对 1948 年战争的官方记载中，有一整章专门描述炸毁"蟋蟀"号的这次行动。不过，也许是因为自矜，也许是为了保密，记录中并未提到间谍的作用，而是全部归功于海军。就连以谦虚和低调著称的萨姆安老师，也盛赞此次行动"为所有复杂的行动树立了典范"。

人们心目中的"典范"，结尾应该是这样的：一场爆炸照亮了港口，船只灰飞烟灭，纳粹被炸飞，纷纷落海，破坏者们则在附近的窗边安静地碰杯庆祝。人们也都希望一场海战的战局在最后时刻成功逆转。但实际上，在这次行动中，他们基于模糊且可能有误的情报，出于表面看不出的动机，克服各种技术故障，付出巨大的努力和勇气，只为争取一个事前无法预测、事后也难以衡量的结果。对于真正的间谍故事来说，这才堪称典范。

17. 绞刑架

锥形炸弹安装在房间的墙上，屋里的人会被炸死或重伤。

安装在盛满苯的混凝土罐或金属罐上，罐子会炸飞。

安装在汽车上，所有乘客都会被炸死。

参照以上描述，选取合适的目标，制订一个计划告诉我。

"蟋蟀"号行动五天之后，总部发了这条消息给亚库巴。亚库巴被派往贝鲁特是为了开展破坏行动，他来的时候不仅带着武器，也带着他那火爆的脾气。这是场战争，他来这里就是为了对阿拉伯人开战，因为阿拉伯人已经对犹太人开战了。

此时亚库巴将注意力集中在黎巴嫩北部特里波利的一家大型炼油厂。他要将这个炼油厂送上天去，绽放一朵中东地区最壮丽的烟花。亚库巴对炼油厂进行了几次侦察，有一次以撒也去了。他俩化名为贾米尔和阿卜杜勒·卡里姆，驾驶奥兹莫比尔出租车沿着海边公路北上，就像八个月前炸毁修车行之后，他俩开着另一辆奥兹莫比尔汽车穿过海法那样。

他们发现炼油厂几乎无人把守。这两名间谍想知道各个油罐里都装了什么，是苯、柴油还是原油。以撒爬上一个油罐，用绳子系

着一个罐头盒，里面装了一块石头，并被沉到油罐里。他们的爆破
计划是：先劈开油罐的护栏，将三枚锥形炸弹安装在油罐上，再把
一枚炸弹装在附近的沟渠里。第一个油罐爆炸后会引爆其他油罐，
易燃液体会顺着山坡流向海滩，最终烧毁炼油厂。这座炼油厂并不
是什么新的爆炸目标。1941年整个巴勒斯坦面临共同恐慌之时，
犹太人和英国人合作，策划的第一次重要行动就是要破坏法国维希
政府控制的这座炼油厂：23名犹太战士和1名英国观察员乘坐一
艘名叫"海狮"（Sea Lion）号的敞舱船出发，却消失在海上，无
人归来。到了1948年之后，英国特别行动处的人安全返回了英国，
写写小说，教教古希腊语，但亚库巴却拿出了他们先前制订的计划。

正是在这个时候，亚库巴和迦玛列结下了梁子，过了50年都
没能解开。亚库巴用磁带记录下了他的回忆，在回忆中留下了他对
迦玛列的看法，以晓后人；而迦玛列也出版了回忆录，同样提出了
他的看法。

迦玛列认为自己不仅是负责人，而且是唯一负责任的成年人。
亚库巴则认为迦玛列要么是懦夫，要么是假正经。两人都明白自己
的任务是拯救这个脆弱的犹太国家，但迦玛列认为，要完成好这一
任务，必须先了解试图摧毁犹太国家的阿拉伯世界，而亚库巴则认
为，必须开辟一条新的战线。两人的冲突与其说是因为策略不同，
倒不如说是由于性格不合。亚库巴脾气暴躁，受不了约束；而迦玛
列多数时候似乎较为理性、性情平和，但也并不总是这样。迦玛列
在回忆录中承认，在贝鲁特时，他曾咨询过咖啡占卜师和亚美尼亚
算命师，相信他们能够真正洞察未来。他也不是没提出过进攻性的
计划；前面的章节中曾提及，他为总部列出了可以攻击的目标，还

曾建议炸毁贝鲁特港口的食品仓库，好让黎巴嫩人掂量掂量是否应该参加战争对抗以色列。但他本人一直远离这类行动。大家应该还记得，迦玛列非常反对杀戮，曾经让分部指挥官保证不让他杀人。

于是迦玛列开展了一些别的行动，例如加入叙利亚社会民族党。这是一个法西斯主义倾向的大众党派。加入党派之后，他就能对黎巴嫩政治中的一支重要力量进行深入分析。他用化名尤瑟夫·艾哈迈德拿到了叙利亚社会民族党的成员卡，成为社区党支部的副主席，参加会议并向其他成员行纳粹礼。他向总部提交了关于党派领导人发言的报告，并发送了在集会上拍下的照片，比如这张1949 年 3 月拍摄的照片。

迦玛列认为这才是间谍该做的事。而他的搭档一心只想摧毁炼油厂，他很反对这种事。

亚库巴同样不欣赏对方这种文化人的做派。他说，迦玛列"认为自己的工作就是早上起来读报纸"。但另一方面，亚库巴知道别人认为他很极端，他自己也承认："我以前是很极端的。"总部并不确定他炸毁炼油厂的计划是否可行，所以从以色列发来了警告，让他不要轻举妄动。指挥官们担心他未经许可就擅自行动。

在亚库巴的回忆里，我们发现，性情不定的他在那几个月也有其他关心的事情。黎巴嫩当局总在黎明时于贝鲁特市区公开处决犯人，他常去观看。绞刑架搭得很简单，刽子手抽走死刑犯脚下的活板，处决就完成了，这时围观的人们会拍手叫好。行刑时人们可以凑近了看。死刑犯登上绞刑架时一般都戴着头套，有的犯人会要求取下头套，围观者就可以看到他们的脸。有些死刑犯会小便失禁或者语无伦次，有些会大哭或是大喊大叫，咒骂警察和政府。亚库巴对一名死刑犯印象很深，那人是抢劫杀人犯，据说曾将受害者分尸后塞进装煤的麻袋里。亚库巴看到这个人拒绝戴上头套，并向人群喊话。他大喊着：我是杀人犯吗？最大的杀人犯是腐败的政府，他们折磨我们、让我们挨饿、处死我们、虐待我们！

然后他又转向刽子手，说：你绞死我只是在尽你的职责，我要给你一个吻。他吻了这个刽子手。亚库巴永远忘不了这一画面，死刑犯吻了刽子手，然后刽子手将木板抽走，死刑犯被吊了起来。

亚库巴去看处决犯人，不是因为乐在其中。他之所以去观看，是因为在四名间谍中，他是做了最充分准备的，可以去杀人，可以去面对死亡。他认为总有一天站在绞刑架下的会是他自己，他想知道那是种什么样的滋味。阿拉伯分部的人已经死了不少了。真轮到他的时候，他会做什么呢？"曾经有一次，"他回忆说，"我想到我应该用希伯来语大喊'以色列万岁'，但回过神来又觉得不能这样，否则会连累组织里的其他人，他们会被抓捕、被判刑。所以到时候我会保持沉默，像条死狗一样被埋了。"

总部之所以不愿让亚库巴在黎巴嫩自由活动，一部分原因是自年初那些可怕的日子以来，战争进程已经发生了转变。由于犹太人的顽强防守，加上阿拉伯人的混乱和内讧，阿拉伯国家的攻势受挫。军队的士气已然发生变化。一开始，经常有言论说要将犹太人赶进海里，而如今已经很少有人这么说了。在黎巴嫩和以色列的边境，黎巴嫩军队正与来自南斯拉夫地区的穆斯林志愿者并肩作战，迦玛列听到过一些关于战争的讨论，当时的心态显而易见：

> 我听一名叙利亚士兵谈起进攻马尔基亚（Malkiya）的事情，谈及黎巴嫩和南斯拉夫军队的弱点，以及哈加纳的闪击战。他说，哈加纳的人总是趁大家酣睡时突然出现。

犹太军队不再处于守势，而是占了上风。之前，这个犹太国家似乎一直笼罩在迷雾中，轮廓幽暗不明、变化不定，但现在开始逐渐成形。它即将成为一个真正的国家。

以色列新政府成立后，第一项举措就是取缔建国前所有不同派系的民兵组织。也就是说，不仅要取缔在主流领导势力以外行动的右派激进分子，也要清除帕尔马赫这一犹太地下军事力量的核心，也就是阿拉伯分部所属的部队。帕尔马赫代表的是基布兹运动的左翼力量，对他们来说，社会主义和世界革命不是摆摆样子的；直到20世纪50年代，基布兹的食堂还挂着斯大林的画像。如果政府还是英国人的，帕尔马赫的颠覆性就十分有用，但如今政府是犹太人的，又过于脆弱，不能冒险去保留这种威胁。因此，虽然帕尔马赫在整个夏天和秋天都在战斗，但是这个国家的领导人已经开始解散帕尔马赫民兵的独立指挥部，整个帕尔马赫最终也会被完全取缔。

改变不仅只发生在军事方面。古老的以色列故土，遍地是桉树和简陋的棚屋，充斥着混乱和矛盾，有着各种可能的前途，容纳着难以实现、不负责任的思想。因此，要建立一个真正的国家，必须先驯服这块土地。这是一个新的国家，它是真实的，所以要比梦想更大；但也因为它是真实的，所以要比梦想更小。许多东西必定要被抛弃，包括帕尔马赫。帕尔马赫这个小小的世界是如此强大，培养了难以忘怀的同志情谊——用他们的一句歌词来说，就是"用鲜血献祭的爱"，这种情谊令许多战士无法割舍。他们划着摇摇晃晃的救生筏，经历重重险阻，来到了真正的救援船面前，却发现自己舍不得先前的救生筏。他们回到了以色列故土上的家园，却从不习惯"以色列国"这一名称。例如著名的帕尔马赫军官伊加尔·阿隆，他后来成为以色列的将军和出色的政治家，至今仍被视为民族英雄。但在他死后，帕尔马赫的一位同志这样哀悼他："伊加尔·阿隆至死都没有祖国，他亲手创造的国家剥夺了他的祖国。"

帕尔马赫的存在对新的政府和新的军队来说是个麻烦，但其阿拉伯分部的价值则毋庸置疑。如今的掌权者开始严肃对待情报工作，间谍们不用再像过去那样即兴编故事掩盖身份，也不再没钱乘车了。1948年9月16日，情报局局长大伊塞写了一份简报，宣布隶属帕尔马赫的阿拉伯分部即刻易手，由以色列国防军接管。阿拉伯分部将被称为"Shin Mem 18"（情报局18处）——"shin"和"mem"是希伯来语两个词"sherut modi'in（情报、处）"的首字母发音。此时分部已有了一间办公室，摆了一张办公桌，配了一名文书，还拨了一笔预算。该部门还有一名军官负责招募，他有权查看所有新兵的身份证，可以将所有米兹拉希犹太人的名字都筛一遍。随着时间的流逝，萨姆安老师在新组建的情报部门中承担了更多的责任，这也意味着他很少再参与阿拉伯分部的工作。当初是他创建了阿拉伯分部，那儿的人都由他招募、经他训练，并且视他为父亲一样的存在。

而在北边敌国的首都潜伏着的特工们对这些改变几乎毫不知情，他们仍在经营"三个月亮"报刊亭，驾驶出租车，通过晾衣绳发送情报。他们与家乡唯一的联系就是电台里传送的"滴答"声。他们不知道电台的那端是谁，以为仍是从前那些熟人。那年春天以色列发表独立宣言的时候，迦玛列、以撒和哈巴谷早已被派遣出境，因而也从未踏足"以色列国"。在发送信息时，他们仍称之为"以色列故土"。他们从未见过以色列国防军的人，虽然他们理应隶属国防军。当他们从屋顶的房间向外看时，一切似乎都没有改变。一面是海，其他三面视线所及之处都是阿拉伯世界。

转眼到了1949年。在贝鲁特，"蟋蟀"号爆炸之后，迦玛列和亚库巴争着要当小组的头儿——他俩一个想要做情报收集和分析工作，另一个则想开展破坏行动。帕尔马赫的阿拉伯分部如今算是一个军事单位，但保持恰当的上下级观念仍不是他们的作风，总部似乎也没有人能强迫他们做任何事。总部传来的信息有意解决他俩的矛盾，决定谁该服从谁，比如这条发给迦玛列的信息：

> 亚库巴有权计划并准备军事行动，但必须就其计划和准备工作与你协商。我们批准的一切行动，你们二人必须都同意。

但这根本没什么用，也没解决任何问题。以撒和哈巴谷在旁边观望，情景好像以撒曾在街头收集的一句阿拉伯谚语：

> 我是王子，你也是王子——那谁去赶驴呢？

以撒和哈巴谷都不是王子，他们都很乐意赶驴。无论如何，上级都没有批准这些间谍去炸毁炼油厂。指挥官们可能并不想无端激怒黎巴嫩人，还有消息称，他们不想惹恼与炼油厂有经济利益关系的欧洲公司。像往常一样，以色列人也担心这样做会危及当地犹太人。有太多理由放弃这次行动，最终冷静的头脑占了上风。

亚库巴强烈反对这一决定，并对总部的软弱无能感到愤怒，几年之后仍耿耿于怀。40 年后，他们在花甲之年重聚，亚库巴还是忘不了此事。根据 1985 年一次会面的记录，他坚称："如果当时他们同意了我们的计划，我们就能切断叙利亚和约旦军队的燃料供应，这次行动本可以载入史册。"

在这些事件过去的 50 年后，迦玛列记录下了他的回忆，他也为此感到愤怒。"当亚库巴谈到在黎巴嫩的那段时间，"迦玛列提及对方时说，"就好像他，或者我们，或者其他人，都能创造奇迹，能炸平山川，制造轰动世界的破坏，但这已不仅是幻想了——我不想用'邪恶'这个词。"在迦玛列所著的关于阿拉伯分部的书中，有一部分专门讲述他与亚库巴如何结怨；而出书的时候，两人都已80岁左右了。

18. 犹太国家

在学生和知识分子的圈子里，大家都知道有许多在叙利亚军队做军官的朋友在与犹太人的战斗中战死。

大街上的普通人对各路前线发生的事情毫无头绪……人人皆知犹太军队很强大，在战场上根本无法抵挡。

这条消息来自大马士革，那位曾经把电台偷运过来的特工西蒙现已转战至此，为阿拉伯分部建立了第二个境外情报站。1949 年初，巴勒斯坦的战斗逐渐平息，双方开始了停战谈判。希伯来诗人内森·奥尔特曼在战争之初便想象过这一时刻，他将其比喻为凄凉的日落：

大地将变得沉寂

天空的红色之眼

逐渐消失在硝烟弥漫的边界

但大地不会这么快就沉寂下来。起初，犹太人以为战争之后会迎来和平，然后刚刚独立的犹太国家会与叙利亚、约旦、黎巴嫩和伊拉克等刚刚独立的阿拉伯国家实现关系正常化。欧洲曾有数以百万计的人流离失所，却仍能继续前进，中东又有什么不可以呢？"当时我以为战争已经结束了，"作家尤拉姆·卡纽克（Yoram Kanjuk）在他的回忆录中描述了那些日子，他也是帕尔马赫的退伍老兵，"我以为阿拉伯人最终会向我们让步，我们也会向他们让步，这样我们就能在自己的国家一直生活下去，边上则是约旦国或者其他什么国。"

然而，在硝烟弥漫的边境另一侧，那些观察着阿拉伯世界的人都知道几乎没人这么想。那些间谍也认为不可能。他们在阿拉伯世界长大，因而这样预测：在自己的土地上输给一个少数族群，这一点是以色列的邻国绝对不能接受的。

1949 年初，大马士革广播电台告诉听众，一个名叫贾马尔·纳西尔（Jamal Nassir）的人正要去英国巡回演讲，"去解释战争失败不是因为犹太人的军队，而是因为他们有美国人的钱和捷克人的飞机"。当阿拉伯解放军在加利利的米什马尔·海默克基布兹被少数防守士兵击退时，指挥官卡乌基公开坚称基布兹的战士实际上是非犹太裔的俄罗斯人。战败的耻辱如此之深，不会轻易消解。

"阿拉伯驻伦敦办事处发表了一份声明，称阿拉伯人在与犹太人的战争中没有战败，只是在第一轮处于劣势，"近东阿拉伯语广播电台报道称，"阿拉伯军队即将对敌恢复全面战争。"拉姆安拉（Ramallah）的一家报纸呼吁对阿拉伯青年进行强制性的军事训练，以"恢复战斗，击溃犹太人"。播音员阿兹米·纳沙希比（Azmi Nashashibi）在约旦的拉姆安拉电台说道，如果犹太人觉得自己赢了，那么"他们不过是深受自己的虚假宣传之害"，"事实是，第一轮失败的只是阿拉伯政客，但阿拉伯军队并未被击败"。

以色列的气氛则迥然不同。以色列报纸报道的是当地已开始顽强地生活，这种顽强也是这个犹太国家持续至今的特点：特拉维夫废除了紧急管制措施，咖啡馆营业至凌晨1点。"阿西斯"果汁厂新建了一条生产线，从橙皮中提取酒精。"阿塔"纺织厂的罢工也得到妥善解决，工人的利益得到了保障。英国人撤离时关闭的雅法邮局如今也已重新营业。每周都有数千移民经海法港入境，2月时这一数字高达25 000，这一年总共有25万移民进入以色列。人口每十天就增长一个百分点。

如果仔细观察以上细节，会看到两个很重要的差异。第一个差异更明显一些：与周边国家相比，以色列的社会呈现出巨大的分歧。第二个差异体现在上述最后一处细节中，即一船一船新来的移民。这一点有待进一步解释。从这一刻起，真正的以色列与创建者的想象日趋偏离。没有什么比了解如今的这个国家更重要了，这也是为什么现在这几名间谍的故事值得讲一讲。

故事的开始是1948年1月。当初，以色列故土的犹太人几乎来自欧洲，他们是在犹太复国主义运动中质朴的社会主义分子领导之下来到这里的。以色列国地处中东，但构想出这个国家却是为了解决欧洲一个根深蒂固的问题：对犹太人病态般的仇恨。而另一个犹太人的世界是在伊斯兰的土地上，其所面对的有组织的敌对行动较少，所以似乎更稳定。因此，尽管犹太复国主义吸引了一些来自伊斯兰土地上的人，比如这几位间谍，但未能成功鼓动犹太大众。

来到以色列故土的人寥寥无几。他们熟悉风土人情，可以开展情报工作，但他们并不重要，也构不成威胁。他们只不过是一支有点异国情调的小分队。阿拉伯分部游离于帕尔马赫之外，这是个奇怪的特点。它是德系犹太人军官一手创办的，也处在德系犹太人军官的总体掌握之下，你可以放心地参加阿拉伯分部的营火晚会，听他们唱阿拉伯歌曲，喝他们的阿拉伯咖啡，而不会让你不放心这个国家当下如何，未来又怎样。

这几名间谍跨过国界去执行任务时，伊斯兰世界的犹太人多数仍生活在当地社区，正如过去几个世纪一样——从卡萨布兰卡到喀布尔，有100万犹太人聚居在飞地。现在，站在贝鲁特的"三个月亮"报刊亭这样的高处，阿拉伯分部的人目睹了这个世界的终结。

1949年初，阿拉伯分部提交了这样一份报告："《纳赛尔报》（*Al-Nasr*）报道称，据可靠消息，大马士革80%的犹太人连带他们的财产都在未经政府批准的情况下消失了，有人担心犹太人被偷运到了以色列国。"几周后又报告说：

> 大马士革的犹太人被集中在了社区。他们只能在城内自由活动……叙利亚当局逮捕了富有的犹太人以及大型企业的老板。更多细节正在确认中。

间谍们的报告措辞冷静，不带感情，但这些事件却和他们直接相关。例如，从大马士革发来这份报告时，迦玛列的母亲就在城里。阿拉伯袭击者在城里杀害了几个犹太人，迦玛列的一个亲戚被扔进犹太教堂的手榴弹炸死，这些事情发生时，他的母亲还没有离开。后来她逃离大马士革，当局征收了她的家，分给了巴勒斯坦来的阿拉伯难民。

阿拉伯领导人一直警告称，这一地区犹太人的命运取决于阿拉伯与以色列的战争结果。"犹太国家的建立将会危及上百万伊斯兰国家犹太人的生命。"1947 年一名埃及代表威胁称。伊拉克总理则建议对犹太人施以"严厉措施"，到了此时这已成为现实。叙利亚报纸报道称，犹太人的银行账户已被冻结，政府已要求他们提供资产清单。当局限制他们的行动，限制他们从事的职业，没过多久，护照上就盖上了印章，标明他们犹太人的身份。

以色列外交部的一份报道称，埃及的犹太人生活在"无休无止的恐惧和焦虑中"。当局没收了富裕犹太家庭的财产，而对于贫穷的犹太民众而言，则有其他担忧，比如开罗市中心的拥挤住宅区被人扔了炸弹，造成了伤亡。也门、利比亚和摩洛哥也发生了种族屠杀。在巴格达，一名犹太商人被判了叛国罪，在人群的欢呼声中被绞死。

在叙利亚社会民族党的一次集会上，迦玛列（尤瑟夫·艾哈迈德）作为成员出席，聆听了党内颇受欢迎的领导人安东·萨阿德（Antoun Saadeh）的演说。演说讲的是阿拉伯世界中犹太人如何背信弃义。萨阿德警告群众，这些犹太人"从不认同国家的使命"，因为他们同情犹太复国主义，并且会"背叛我们"。他说的"我们"指的是阿拉伯人。萨阿德是基督教徒，但根据阿拉伯民族主义的说法，基督徒可以成为阿拉伯人，而一般认为阿拉伯世界的犹太人无法成为阿拉伯人，即便他们同样生长于此。萨阿德说："他们牺牲我们的利益来获得财富，我们必须要防止这种事发生，必要时我们会使用武力。"迦玛列报告了这次演说的内容。

以撒短暂地回了趟家，他了解到，就在巴勒斯坦爆发战争的当天，他曾居住的阿勒颇街区暴徒横行。他们烧毁了犹太人的房屋和商店，聚集在巷子里，高喊："巴勒斯坦是我们的土地，犹太人是我们的狗！"我还认识一个人，当时他还是阿勒颇的一名少年。他仍记得当时从百叶窗内偷看，只见暴徒将掠夺来的希伯来语书籍、祈祷披肩和经文护符匣堆在一起放火烧毁。还有一个人告诉我，当时暴徒破门而入，穿过院子，放火烧毁他家的公寓，他光着脚从窗户逃了出去。

犹太人躲到了自己家里，或是躲到了穆斯林邻居的家里，出来之后，发现他们的街区已经化为一片废墟。之后的几年，人们纷纷逃离，穿过边境，来到黎巴嫩或土耳其，走的是和当今叙利亚难民一样的偷渡路线。20世纪90年代初，经当局批准，阿勒颇最后一批犹太人离开了，世界上持续使用时间最长的犹太教堂就此关闭。数以百计的其他犹太街区也在一瞬间消失不见。

我曾去过开罗犹太区的一座废弃的犹太教堂。那里还是叫犹太区，尽管现在已经没有犹太人了。我曾去过摩洛哥菲斯（Fez）的老城区，那里也不见犹太人的踪迹；还有里夫山的一座小镇，犹太人留下的唯一痕迹就是他们曾经粉刷房屋的一抹蓝色。特工们在以色列的新家即将落成，而他们的老家也正在迈向命运的终点。他们曾经在营火前唱的那首《河之彼岸》，起歌时会反复地唱"让我们向前，不断向前"——歌词振奋人心，但实际情况是：他们已无法回头。

在萨那（Sanaa）、突尼斯和巴格达的犹太区，犹太人在穆斯林当中面临越来越大的危险。到以色列故土寻求救赎的古老梦想，驱使犹太人纷纷离去，徒留空城。以色列负责移民的特工秘密帮助犹太人登上渡船和飞机，会聚到这个新生的国家。以色列移民的帐篷里挤满了人，意第绪语淹没在阿拉伯方言里。不久后，一些观察家发现，西奥多·赫茨尔在维也纳畅想的国度中，并没有考虑伊斯兰国家来的犹太人，少了这一抹东方色彩。这些新来者人数太多了，足以改变建国大业本身。1948 年，面对着阿拉伯人的威胁，犹太复国主义的领导人们明白，这些犹太人要么属于"我们"，要么属于"他们"。领导人们精明果断的决策，确保了这些人是属于"我们"的。但当时他们并不明白"我们"究竟意味着什么，也不知道这些人后来比原先所想的更接近于"他们"。

那些试图在中东建立犹太国家的人应该能看出，中东地区的犹太人是有用的。这些新来的人原本可以被邀请进来，作为平等伙伴共同创建这一新的社会，但事实并非如此。相反，他们低人一等，被排挤到社会的边缘。这是以色列国犯下的最严重的错误之一，直到今天我们仍在为此付出代价。"也许这些不是我们所期待的犹太人民，"当这些移民的庞大规模显现出来的时候，一名官员这样说道，"但我们也不能拒绝他们的到来。"1949 年 2 月，以色列外交部在给外交官们的指示中指出，伊斯兰世界来的大批犹太人"将会影响这个国家生活的方方面面"。要保持以色列的文化水平，则需要更多来自欧洲的移民，"而不只是那些来自地中海东部落后国家的人"。

以色列《国土报》（*Haarez*）曾派遣记者阿里耶·格尔布卢姆（Aryeh Gelblum）前往一座难民营，那里住着北非来的、说阿拉伯语的新移民，他评论说，他们"无法理解任何知识"，"十分落后、野蛮、残忍"。他在 1949 年 4 月的报道中称，这些人的素质"甚至比以前巴勒斯坦的阿拉伯人还要低"。这篇文章激怒了负责移民的特工埃弗拉姆·弗里德曼（Efraim Friedman）。弗里德曼与北非犹太人打了多年交道，他称这篇文章的作者就是种族仇恨的代言人。"北非犹太人对救世主弥赛亚的渴望，格尔布卢姆先生知道些什么？"这名官员写道，"他可曾见过，从沙漠绿洲来的妇女和儿童从未见过海，却拼命冲进深水中，为了搭上船离开，不惜冒着生命危险？"这次交流中表现出来的裂痕从未愈合。

这些公民通常只被看作以色列建国故事中的一个脚注。例如，1971年，以色列作家阿摩司·埃隆（Amos Elon）在他的畅销书《以色列人：创始人和儿子》（ *The Zsraelis: Fonnders and Sons* ）中刻画了这个国家，但对于从伊斯兰世界来的犹太人却一笔带过。每个人都知道"以色列人"是谁。以色列仍然用欧洲的故事来解释自身——赫茨尔、基布兹、犹太人大屠杀，等等。但以色列半数犹太人都来自伊斯兰世界，而非欧洲。剩下的一半又大多生于此地，并非欧洲。

走在以色列的街道上，你很难分清谁是犹太人，谁是阿拉伯人。但在大学的教师休息室或者公司的会议室里，你更有可能看见祖父母来自波兰或俄罗斯的以色列人；而住在贫民窟里的更多是祖父母来自摩洛哥或阿尔及利亚的以色列人，这是这个国家的耻辱。来自伊斯兰世界的犹太人的文化一度被边缘化，然而，如今它已进入这个国家生活的核心。新世纪的以色列，只有放在中东这一镜头下来看才有意义，这也是为什么西方人越来越难以理解它。要是用本－古里安和先驱者们的故事去理解今天的以色列，就好比要用托马斯·杰斐逊和清教徒的故事去理解今天的曼哈顿一样。要想让世人更好地理解这片土地，需要用新的故事。

在这几名间谍开展行动的时候，犹太复国主义者的原初信条依然强烈，其中包括：秉承基布兹的公社理想，希望成为摆脱了犹太教的"新犹太人"，相信在世界变得更和平的过程中阿拉伯世界终将与犹太国家实现和平。这些理念都来自欧洲，但现在已不复存在。21世纪一开始，最后一任出身基布兹的总理败选出局 [①]。彼时的中东充斥着激进的宗教、黑色面罩和自杀式袭击，他的和平计划因而破产。在那之后，昔日的以色列精英，也就是那些在帕尔马赫积极乐观的社会主义精神熏陶下成长起来的人，也退居到了边缘。

在随后的意识形态真空之中，以色列的中东之魂从地底下冒了出来。以色列人逐渐发现，在这片地方以犹太身份生活并不是什么新鲜事；这个国家有一半的人早已经这样度过了许多世纪，其中也许蕴含着一些有用的智慧。这不是风格上的小小变化，而是要换一种方式去理解整个国家，从宗教、政治到流行音乐。我特别提到了这些方面，是因为迦玛列年轻时对它们有十分敏锐的观察，并留下了一些有价值的评价。

20世纪40年代，迦玛列离开了大马士革，在成为间谍之前，他在基布兹找到了自我。他抱怨说，没人听那些和他一样年轻的杰出的阿拉伯歌手，比如埃及女歌手乌姆·库勒苏姆（Oum Kalthoum）的歌。那里放的都是欧洲的唱片。这种情况持续了几十年：一些音乐被谨慎地归类为民俗乐，阿拉伯分部营火晚会唱过的

---

① 指的是以色列第十任总理埃胡德·巴拉克，1999年7月至2001年3月在任。他1942年出生于米什马尔·沙龙基布兹。

歌也许还能有一两声朦胧的回响，除此之外，中东音乐经常被以色列文化的保存者所轻视，扔到特拉维夫汽车站卖旧磁带的破旧商店里。唱片店里有"以色列音乐"专柜，但主要是指德系犹太人艺术家的作品；还有单独的"米兹拉希"或"地中海"音乐专柜，虽然也是希伯来语作品，并且是在以色列制作的，但很明显，它们不属于"以色列"。

然而东方的声音从未消逝。乌得琴手和卡农琴手仍然在小俱乐部和会客厅中拨弦弹奏，等待时机，重拾影响力。直到几年前，希腊布祖基琴、俄罗斯民谣、弗拉门戈音乐、摇滚音乐才悄然进入，并占领主流音乐榜。2017年我写这本书的时候，以色列一家报纸发表了本年度播放量前十五的流行歌曲，其中全然没有阿什肯纳兹（德系犹太人）艺术家的作品。经历了两代人，如今的主流音乐家已经不再用祖父母的语言唱歌，转而使用阿拉伯语、波斯语和拉迪诺语。流行摇滚歌手杜杜·塔萨（Dudu Tassa）发行了一张专辑，创作者是伊拉克著名音乐家库瓦提兄弟，其中一位是他的祖父。迦玛列去世得早了点，没来得及听到以色列最当红的明星埃亚勒·戈兰（Eyal Golan）2015年发布的一首热门流行歌曲，唱的是一个穿着迷你泳衣的女人。歌里还提到了乌姆·库勒苏姆，说是开车去海滩时听到了这个名字。

又例如，1944年，迦玛列从埃恩·哈罗德基布兹写了一封信，信中表明，他似乎一直在试图理解这个公社里的宗教生活，或者不如说是"非宗教生活"，因为基布兹中既没有拉比，也没有犹太教堂。他们将重返以色列故土的渴望视为一个世俗的理想。他们的希伯来语并非祈祷的语言，而是一些田间地头的粗话，包括"小贼"

和"我操"之类的词。对于一个从大马士革来的孩子来说，这一切一定很难理解。

迦玛列写道，他在犹太区长大，家庭对他的管教并不是十分严厉。他们相信自己最终会回到以色列故土，因为这是犹太人受到的诫命。但和大多数犹太人一样，他们没把回归当作什么行动计划，直到事态恶化，他们才不得不开始考虑这件事。他学习希伯来语，研读经典，以"纯洁的心灵"去祈祷。在伊斯兰世界，世俗主义从未形成气候，因此在大马士革，凡犹太人必信仰犹太教，就像穆斯林必然信仰伊斯兰教一样。犹太教是一个永久的部落身份，意味着社群和传统。传统是不能改变、不能放弃的，但传统内部却有很大的变通空间。迦玛列的父母在家里放着慈善箱，用于接济病人、供养神秘主义派的拉比、捐款给犹太复国主义运动的犹太国家基金；这些都是犹太教，所有这些都是"犹太复国主义的基础，因为它几乎存在于每个大马士革犹太人的心中"。

> 我们认字不多，也不会写字，但是我们知道天堂里有上帝，并且必须追随我们这一群体的道路。大马士革有一个很大的犹太人群体，他们遵守诫命，但并不狂热……我们一生都梦想着有一天上帝会把我们从所有的国家召集起来，我们将回到自己的土地，见证救赎。

基布兹里的人也许会将这个叙利亚男孩的愿景视为一种遗产，无法长存于世。但事实证明，犹太教比他们的理念更加坚韧。基布兹平等主义的伟大试验已经结束了，这是人类实践过的最美好的理念之一。世俗主义已经失去往日的意气扬扬。如果你想公正地总结如今这个国家表现出的宗教精神，而且不仅只关注那些中东背景的犹太人，那么迦玛列在 1944 年写的这番话非常贴切。

至于阿拉伯分部的人如何有助于解释当今的以色列政治，可以举个例子，和迦玛列经历的一次重大政治事件有关。他被派遣至贝鲁特之前，英国还统治着这个地方，分部还只活动于巴勒斯坦境内。一天，一名被英国当局驱逐的阿拉伯民族主义领导人获许回到他在图勒凯尔姆（Tulkarm）镇的家。他是乘火车回家的，同一节车厢中有一名阿拉伯年轻人，正是尤瑟夫·艾哈迈德——也就是迦玛列。

和所有大马士革的犹太孩子一样，迦玛列也曾被穆斯林嘲弄，被蔑称为"耶胡迪"，也就是"犹太人"的意思。但他从没见过火车站的那种阵仗，数以百计的人拥到车前迎候，为首的那人又像教士又像小丑。他率领大家高喊："Nahna nedbah el-yahud！"（我们要宰了犹太人！）他们不停地喊着这句口号。

他们的表情狰狞，极度狂热，令迦玛列感到恐惧。他们是认真的。他们要屠杀犹太人。"他对那群人有种催眠般的力量，"迦玛列这样描述那名男子，"他旋转起舞，身后的每个人都为他鼓掌。他即兴创作了一些诗句，鼓吹屠杀犹太人，赞颂阿拉伯人的勇敢，描绘解放巴勒斯坦的愿景。"

迦玛列的政治立场一向温和。他并不仇视敌人。"仇恨存在于国家之间，而非人民之间，"他在老年时这样说，"所以当有人谈到'阿拉伯人'的时候，我总说那些人中也有善良的人。我在犹太人那里得到的友谊，不及从阿拉伯人那里得到的。"但火车站的事还是让他震惊了，一个极端分子竟能使人群为之狂热。这让他感到悲观，觉得在庞大的穆斯林群体和小小的犹太群体之间寻求解决之道是不可能的。在 20 世纪 90 年代，许多以色列人都相信与阿拉伯世界即将达成和平协议，而迦玛列对此表示怀疑，他写道，在火车站看到的事情"对我影响至今"。

你需要进行大量思考，有时还要站在对方的角度。如此一来，我不会成为不惜任何代价、不顾自身安全去追求和平的人……哪怕有百分之九十的阿拉伯人想要与我们和平共存、一起工作，为养活自己和家人而受雇于犹太人或者和犹太人共事，抑或以其他期望的方式相处，也还会有百分之十的人在这里或那里开枪杀人，这里杀一个，那里杀两个，以求煽动双方的仇恨……控制权掌握在极端分子手里，你和他们完全没有共同语言。他们生活在完全不一样的层面，我并不是指道德层面。他们是用完全不同的方式去解读他们的宗教。

迦玛列在书中表示了对以色列邻国的怀疑，这种怀疑源自他长期不愉快的经历，加上犹太人一直寄居邻国而形成的认知。从伊斯兰世界来到以色列的犹太人带来了一些他们的认识：首先是对那个世界深深的不信任；其次是对宗教重要性的了解，这是西方人经常无法理解的；此外，还有"好事落不到弱者头上"的念头。就在不久前，许多以色列人可能还认为这些观念是一种倒退，但近些年在以色列及其周围发生的事情，已经改变了人们的思维方式。用迦玛列的话说，现在以色列人的主流政治立场已经清晰可辨。

对于以色列半数的犹太人来说，中东并不是什么新地方，与人口占多数的穆斯林对峙也见怪不怪，几百年来，有一股力量深深影响着他们的家庭，当前的事情只不过是这股力量的最新变体。他们在这里居住的地方发生了变化，力量的平衡也发生了变化，但是对于伊斯兰世界中的犹太人来说，他们现在虽然被组织起来、武装起来，成了以色列人，但这片地区的人并未改变。对于来自大马士革的迦玛列来说，虽然他与来自华沙的帕尔马赫战士们身处同一条战线，但他对 1948 年战争的看法仍与后者不同。因为以色列不是单一的存在，它既是欧洲犹太人的避难所，也是伊斯兰世界中的少数群体奋起反抗的成果。

将伊斯兰世界的犹太人放在以色列故事的中心，有利于澄清对这个地方冲突的一些误解。比如，该地区对于以色列人怀有强烈的敌意，视他们为入侵者——"十字军"或者"殖民主义者"。在开罗就有这么一幅巨大的全景画，庆祝 1973 年战争中埃及军队强渡苏伊士运河，图中的以色列士兵以卑贱的姿态向英勇的埃及人投降，他们是金发碧眼的。这很滑稽，因为如果你见到真正的以色列士兵，就会发现他们大多与埃及人长得很像。事实上，在苏伊士运河作战的以色列战士，其中有些无疑是埃及犹太人。

这一切都令阿拉伯世界困惑不安。由此又引出了一系列问题：埃及、伊拉克和摩洛哥的犹太人去了哪里？他们又为什么去那里？有人意识到，如果以色列国对于阿拉伯世界是一个问题，那么在某种程度上，这个问题是阿拉伯世界自己造成的，因为他们迫害并驱逐了伊斯兰世界的犹太人。于阿拉伯人而言，最好的做法就是把以色列人称为"殖民主义者"，将他们描绘成金发碧眼的欧洲人，抓住欧洲人的罪过大做文章，从而抹掉自己的罪过。事实上，讲述以色列故事的犹太人大多也喜欢把自己想成金发碧眼的样子，因为他们在欧洲的几个世纪当中一直被丑化成"黝黑"的"东方面孔"。因此，在这种奇怪的利益融合当中，每个人都乐意忽视一个事实，那就是这种描述与你在大街上看到的真实国家全然不同。

对以色列历史这一面的理解，也有助于弄清其内部争论中相当重要的一部分，而这部分也经常被外界误解。创建这个国家的犹太复国主义者们来自欧洲，他们的子孙却对冒出来的这个中东国家无所适从。他们怀念过去的那个国家，彼时那些人连同他们的声音都还隐藏在暗处。这种愤懑有时表现为对老派自由主义的怀念，有时表现为对"右翼"或"宗教性"的批评。但它往往是一种更深层次的不满：许多以色列人期待的以色列，不是今天的模样。

"有时想象力会狠狠愚弄你。"法国作家罗曼·加里（Romain Gary）在《风筝》（Kites）当中写道。他的这本书讲述的是纳粹占领时期一个年轻的法国农民对女人和对祖国的渴望。"女人、观念、国家都是如此——你爱上一个念头，会觉得它是最美好的念头，而当它成为现实的时候，模样就变了，成了面目全非的狗屁玩意儿。或者你那么爱自己的国家，最后却对它忍无可忍，是因为它从来都不是该有的样子。"以色列人的许多争论看似所言他物，其实都关乎于此。

像我们这四名间谍那样的人从伊斯兰世界而来，融入了欧洲来的犹太人，这才是人们所接受的以色列故事。但实际情况却完全相反。20世纪中期欧洲的革命势头，催生了帕尔马赫这样传奇般的民兵组织，它成了以色列建国的神话之一，声名远播。而阿拉伯分部却籍籍无名，它只是一个小团体，里面是一些中东犹太人，他们在各自的危险区域小心翼翼地游走。但帕尔马赫几乎无法解释今天的以色列，阿拉伯分部却能说明很多问题。这些人有着复杂的身份，他们的故事中藏着别的故事——这才是一扇窗户，透过它可以看到这个国家复杂的身份，看到这个国家所讲述的关于自身的故事背后藏着的那些故事。

19. 情人乔吉特

1949 年初，以撒可能对以色列和中东的未来所知甚少，也不知道他这样一个讲阿拉伯语的犹太人该如何自处。他只知道，在这个大城市里，自己是一个孤独的年轻人。贝鲁特有许多咖啡馆和海滩，活力四射。以撒和其他人开始去舞厅跳舞，但他们发现，要去面向外国人和阿拉伯富人开放的高级俱乐部，比如奇巧俱乐部或黑象俱乐部，就要会跳双人交际舞。但间谍们不会跳，因为对于犹太复国主义先驱而言，"沙龙"文化被视为资产阶级文化，只有民间舞蹈才被许可。

在贝鲁特市中心，他们找了一对亚美尼亚夫妇。夫妇俩用留声机放着音乐，在自家客厅教交际舞——他们也许是波希米亚人，满怀抱负，梦想去巴黎，也许曾位居上流，而今却沦落了。以撒和哈巴谷报名去上课。课上如果女伴不够，他们俩就得搭档。不管怎么说，高级俱乐部也不是附近唯一的消遣，你还可以去劳工阶层的夜总会，和女招待一起喝酒跳舞，如果你付得起钱，她们还会提供其他服务。

从帕尔马赫档案馆保存的照片来看，间谍们确实有时间消遣。迦玛列在黎巴嫩的山地游玩，还吃了根香蕉。亚库巴在黎巴嫩山滑雪，以撒也去了。

以撒还去了沙滩玩：就在这片海滩，以撒发现了一个排球场，一群贝鲁特年轻人定期在这里打比赛。他们当中既有穆斯林又有基督徒，这群年轻人自由开放；甚至还有女孩穿着泳衣。以撒就是在那里认识了乔吉特，她那时 19 岁，也许更小点。

这里值得一提的是，几乎所有的间谍都有过露水姻缘。毕竟那个年龄段的男人，即便处境再艰难，也不可能长期处在感情空窗期。亚库巴（贾米尔）还记得一个叫玛丽的女人，他是在贝鲁特跑出租车时认识玛丽父亲的。亚库巴同意和玛丽订婚，这样才能让她的家人准许两人约会。当地并不接受不正式的男女关系。他俩一起去过电影院，也许还做过其他的事情，他记不太清楚了。玛丽 10 岁的弟弟常和他们一起出去，亚库巴（贾米尔）会用开心果或巧克力贿赂他，让他走开一点。不管怎样，他和玛丽的这段感情也没能走得太远："她还是处女。我不想毁了她的生活。"他和她交往了一阵子才分手。

迦玛列（尤瑟夫·艾哈迈德）也有过一段感情，女孩的哥哥是他的一个穆斯林生意伙伴。这个女孩非常虔诚，第一次见面时还戴着面纱。两人交往的前提也是结婚，女方的家人也同意这门婚事。诚然，这位新郎人选的家庭背景模糊，但他确实开着一家商店，有一定积蓄。迦玛列考虑过，如果两人真的能成，就把她带回以色列，

让她皈依犹太教。但这并没有发生，几个月后他们就分手了。不过，
要是一个变得像阿拉伯人的犹太人和一个变得像犹太人的阿拉伯女
子一起回到以色列，想想还挺耐人寻味的。

本书的故事过去几年之后，到了 20 世纪 50 年代，国家安全局
"辛贝特"将几名特工安插在以色列境内的阿拉伯人中间；以色列
独立后还留下来的阿拉伯居民不被这个新国家理解，还被视为潜在
的第五纵队。这几个"变得像阿拉伯人的人"当中，有几个和当地
妇女结了婚，以此作为掩护。其中一名是来自伊拉克的犹太人，与
一名穆斯林妇女育有一子，他真正的妻儿则住在不远处的一个犹太
城镇。多年后，他被调了回来，不得不放弃他的阿拉伯家人。这种
形式的战争当中，道德底线很难衡量：例如，毁掉一个女人的一生，
与拯救 40 个人或 4 个人的生命，孰轻孰重？但这种策略换不回有
用的信息，似乎在 20 世纪 50 年代之后就不再用了。2015 年，以
色列电视台第十频道报道了这件事，一名记者揭露了其中细节，并
称之为"国安局不堪回首的往事"。

阿拉伯分部创立之初，也就是 1941 年和 1942 年英国人在海法
设立特工学校之时，曾训练了一些女性假扮成男特工的妻子，伴随
其左右。孤独的确是一种问题，且未婚男性在阿拉伯社会容易引起
人们的注意。我们已知道，招募米兹拉希犹太女性并不容易，因
为在中东，父母不愿意让女儿踏上这样的冒险之旅。不过间谍长
官确实招到了几名女学员，其中一位名叫埃丝特·耶米尼（Esther
Yemini）。她后来回忆说，自己要学习阿拉伯语，学习如何开展破
坏行动，如何用刀，但这些都不是她最担心的。

"他们把我们分成几对，然后就开始训练我们，"她回忆道，"比

起其他的事情，我更害怕的就是和搭档在一起时无法保护自己的清白。我不在乎被杀，不在乎被抓入狱，只担心失去贞操。当时我以为只要接了吻就会怀孕。"最终她和其他年轻女子被送回了家，没有加入实战，阿拉伯分部的男人们对伴侣的需求只能自己去解决。

对以撒来说，与乔吉特的纠葛必定还历历在目，我得诱导他说出细节。她长什么样？就那样，他说。我追问下去，他说她有一头黑发。头发长吗？是的，很长。她是穆斯林吗？她是基督徒。她漂亮吗？很漂亮。她家很穷，哥哥在市场卖鱼。乔吉特来自一个阿拉伯城市，只不过不是犹太区，所以事实上以撒和她差别不大。相较而言，如果是华沙犹太区来的社会主义分子或者特拉维夫来的讲德语的店主女儿，以撒恐怕与她们相去更远。

以撒开着他们小组的奥兹莫比尔汽车，对于他化名的阿卜杜勒·卡里姆所处的社会阶层而言，这辆车是件罕有的奢侈品。他知道这辆车会让他更招人喜欢。以撒在沙滩排球赛上认识了乔吉特，过一段时间后，以撒便开始开车带她去看电影。贝鲁特的电影院放映埃及电影和美国电影；他们更喜欢有克拉克·盖博、英格丽·褒曼和埃丝特·威廉斯出演的美国电影。除了看电影，两人的关系没法更深入发展，因为乔吉特不能带他去见她的父母。她是基督徒，阿卜杜勒·卡里姆是穆斯林，这样的界线无法跨越。但他们会经常见面，手牵着手。以撒记得她没化过妆，但会穿上漂亮的裙子和他约会。

至于侦察员哈巴谷，也有人在国内等着他，就是那位帕尔马赫女战士米拉。他通过无线电给她发过消息。阿拉伯分部的秘书会把消息捎给她，并转达她的回复。如我们所料，这些信息有点生硬——写出动情之话一定很难，因为他们知道情书会经多人之手，用莫尔斯电码编译，用无线电传到敌国，然后记录在日志中留给后人。满腔柔情只能藏在发报机的滴答之间。但米拉尽力了：

15:15

亲爱的哈巴谷，一切都好！

收到你的来信，我十分惊喜，希望你能尽快回来。我很好，忙着收橙子，等你回来。

对于以撒而言，却没有人在等待他归来，这让他更容易犯一些错误，比如乔吉特。当然，乔吉特并不认为她是个错误，也不是个威胁。她不是有意卷入以色列的情报工作的。她只是一个年轻的女人，没有隐藏的身份，她只是喜欢上了在排球比赛中遇到的那个男人。也许她觉得自己会坐上这个男人的奥兹莫比尔汽车，驶离她现在的生活。

乔吉特的存在减轻了以撒工作中的恐惧和乏味，掩盖了他的谎言，也掩盖了屋顶房间里电台的滴答声：

新闻里说阿拉伯联盟不会马上开会。还有报道称，伊拉克局势非常紧张，随时会爆发动乱。

1949年的情报文件显示，以色列人正努力拼凑信息，了解周围的世界。例如，我们发现了黎巴嫩机场和埃及塞得（Said）港码头的手绘地图，以及埃及军服的草图。我们还了解到叙利亚第三军团的军徽是"红底上有一只骆驼"。以撒和其他在贝鲁特的间谍尽他们所能提供更多的细节。而负责把细节拼凑起来的是代号为"智慧"的情报整理人员，特工们的报告就是发给他们的。在当时，每个人都所知甚少，甚至"智慧"的力量也是有限的，知道最少的当属我们这几名间谍，他们在暗处游走，把信息碎片传递给他们看不见的人。

文件里有些材料似乎过于琐碎。例如，贝鲁特的一名间谍报告说，埃及船只"斯卡拉"号离港驶向阿拉伯港口吉达，船上装载着"黑胡椒、各种纺织品、橄榄油和哈尔瓦酥糖"。总部对事实和观念都感兴趣，于是迦玛列还购买了两本书寄给总部，是关于泛阿拉伯情绪兴起的，其中一本是贝鲁特的教授康斯坦丁·祖瑞克（Constantine Zurayk）所著。有些情报则更加重要和迫切，比如某份文件中的这个片段：

> 贝鲁特马勒萨菲，阿布德·拉泽克·哈比卜的工厂正在制造冲锋枪、手榴弹和迫击炮。

在叙利亚，位于大马士革分部的特工报告说，出于安全考虑，叙利亚政权已经宣布出售地图为违法行为，并计划大规模采购武器。其他来源的报道也表明，阿拉伯国家正在武装起来。叙利亚人向来自卢加诺的意大利军火商蒂托·博洛（Tito Bolo）订购了 1000 支英国步枪、数量不详的 20 毫米口径机炮和 54 000 发炮弹，以及几架狂怒式战斗机。

以色列的情报还表明，黎巴嫩当局每天都能收到 50—60 份移民出国申请，其中不少是要去拉丁美洲和欧洲的。黎巴嫩掌权的马龙派基督徒在媒体上表达了担忧，要移民出国的大多是基督徒，这可能预示着"黎巴嫩基督徒地位的不可逆转的崩溃"。他们的担忧也不无道理。在这些报告中，间谍们看到的是一个开端，从那时起，世居伊斯兰世界的中东基督徒乃至所有少数族群相继离开。先是犹太人，然后是基督徒和其他族群，任由他们的家园日益贫瘠下去。

亚库巴仍然铁了心地要在敌人的领土上发动战争，他不想处理情报信息，不管这些信息对以色列更广泛的行动多么有用。他提出了几次破坏行动的计划。例如，阿拉伯解放军在巴勒斯坦最终被击败后，亚库巴发现该部队先前的著名将军卡乌卡吉搬到了贝鲁特，过着平静的生活。他住在圣米迦勒海滩旁，和亚库巴租的房子在同一条街。就是这名指挥官，曾扬言要"消灭、破坏、摧毁"巴勒斯坦地界任何阻碍他战胜犹太人的东西，但现在的他似乎已威风不再。亚库巴有时候会在附近看到这位将军和他的德国妻子，他给亚库巴留下的印象是，"低调内敛，相貌堂堂，和善可亲，毫不自大"。亚库巴计划在他的车里放炸弹，但一如他要炸炼油厂的计划一样遭到了总部的拒绝。到了 1949 年春，这名阿拉伯将军已经失势，他的阿拉伯解放军已经拼光了，再动他已没有任何意义。

另一个提议是暗杀黎巴嫩总理里亚德·索勒赫。这名总理对以色列采取了进攻性的战略路线，不过他在讲台上要比在战场上更加勇敢，况且黎巴嫩军队在战争中几乎没出什么力。事实上，比起国家荣誉和打仗，黎巴嫩人更感兴趣的是做做生意，享受地中海的阳光。他们的反间谍行动如此糟糕，原因恐怕就在于此——搞警察国家不是他们的风格。他们的想法是正确的，我要向他们致敬。

以撒计划从埋在海滩上的武器中拿出一个磁性炸弹，然后在总理乘车经过时把炸弹粘到他的车上，所以他在贝鲁特到处跟踪总理，就像他曾经在海法跟踪那名教士一样。他在总理官邸附近的一家小杂货店闲逛，看目标什么时候来，什么时候走。但最终间谍们被告知要放弃这个计划。如果是在小说里，第一幕在海滩上藏的东西就该是手枪，此时就可以派上用场了。但这个故事发生在真实的世界，武器仍旧埋在沙子里。两年后，即 1951 年，索勒赫总理被一名阿拉伯刺客暗杀了。

一天晚上，在贝鲁特市中心，警察拦住了这辆奥兹莫比尔汽车，乔吉特和以撒惹上麻烦了。一名警察似乎注意到女乘客坐在出租车司机旁边而不是坐在后排，十分反常。他们被带到警察局，一名警官记录乔吉特的详细情况，另一名警官审讯了以撒，以撒说出了他的全名和出生地：阿卜杜勒·卡里姆·穆罕默德·西德基，来自巴勒斯坦雅法，现在流落异乡。黎巴嫩人本来并不过分关心安全问题，但这些警官查得异常仔细，以撒有点担心。警方特别询问了他与乔吉特的关系，他这才意识到警方怀疑她是一名无证妓女，而不是烈士广场边上红灯区里来的。红灯区里有执照的妓院是贝鲁特的财政收入来源，当局铁了心地要打击无照经营的行为。以撒向警官保证说，他们是一对情侣，为了听起来更合乎情理，他还说他将来会娶她。

但这似乎并不奏效，因为警察对基督徒嫁给穆斯林的事极为反感。警察告诉他，黎巴嫩不准许这样的事情发生，还另外提醒：最好离这个女孩远点，她哥哥是个罪犯，以撒还记得他说的是"半个杀人犯"。

之后，以撒和乔吉特决定要更加小心。他们不再一同驾车出行，而只是在电影院见面，然后各自走回家。之后有一次约会结束，以撒告别了乔吉特，正要回到顶楼的公寓，他走过一栋楼的黑暗入口，突然被人按在了墙上，他看到有件东西闪闪发光，几乎贴着他的脸——那是一把刀，一把大刀，鱼贩用的那种。以撒说，"他块头很大，脸是这样的"，他瞪大双眼，做出恐吓的样子。但当时的恐吓绝不是做做样子。他知道那人是谁，他曾经在市场的摊位上看到过乔吉特的哥哥，半个杀人犯。

你和她是什么关系？鱼贩问道，在黑暗中牢牢揪着以撒。以撒虽然很强壮，但身材矮小，不是他的对手。以撒重复了当时他的所谓真实身份：他叫阿卜杜勒·卡里姆，是来自巴勒斯坦的难民，没有家人。他和乔吉特是朋友。

赶紧断了，她哥哥警告说，你是穆斯林，我们是基督徒，我们要维护我们的荣誉。以撒记不清确切的字眼，但确实是这个意思。

回去跟你妹妹说吧，以撒无力地提议，她还想和我继续下去。

赶紧断了，那人重复了一遍，然后松开了以撒。以撒在黑暗中喘着气。他回忆说："从那时起我终于知道，在贝鲁特，比起当间谍，卷入宗教矛盾更容易招致杀身之祸。"

采访时，以撒不想过多谈及乔吉特，但这一故事显然并没有在那栋楼黑暗的入口处结束。迦玛列也讲过她，很多细节都与以撒的说法相符：她是基督徒，哥哥是卖鱼的，还是个"黑社会人物"，她经常和以撒一起坐出租车出去。但迦玛列的措辞就犀利多了，他说乔吉特腿脚有问题。"她爱上了以撒，"迦玛列写道，"还要以撒娶她。" 迦玛列相信他们之间是真心的，在他的描述中，这段关系并没有因她哥哥的介入就断绝。事实上，直到以撒消失，这一切才真正结束。

为了讲完这个故事，我们再往后跳一年，到 1950 年春天。有一天，以撒消失了，乔吉特大发雷霆，伤心不已。更让她吃惊的是，她消失的男朋友的奥兹莫比尔汽车有了一个新的司机，又是一个没有家人的巴勒斯坦难民。她起了疑心，但还不清楚自己到底在怀疑什么。

这名新难民是阿拉伯分部的一名特工，和上任特工使用同一辆车，这违反了基本的防范措施。他的名字叫约书亚·米兹拉希（Yehoshua Mizrahi）。我找到他时，他已经 86 岁了，住在特拉维夫北部安静的郊区。他说以撒与乔吉特的纠缠已经危及在贝鲁特的整个行动。电文日志似乎证实了这一点，特别是在以撒消失后。1950 年 4 月 25 日，贝鲁特向总部发出了这份电报：

> 我们的情况很糟糕。以撒·索山的女朋友总是跟着我们，还带着十个流氓。她还问我们的姓名和地址。我们马上换了公寓，尽量少见面。她还是盯着这辆汽车，逼着我告诉她以撒在哪里。在警察知道这件事之前，以撒必须立即回来，否则我们的境况会无比危险。

指挥部试图安抚贝鲁特的成员。如果被问到，就说不认识她的男朋友阿卜杜勒·卡里姆——他们只是从一个离开小镇的人那里买了这辆二手车。但乔吉特非常固执，不肯相信。鉴于情报网已陷入危机，迦玛列前去咖啡馆见她。乔吉特只知道他叫尤瑟夫，是个难民，和失踪的男友有点关系。她十分气愤。

她对迦玛列说道，你不知道他伤我有多深，他骗了我——他是个骗子，一个背信弃义的家伙。后来迦玛列还能回忆起这段对话。她说，我觉得，这就像把我的命运扯下一块，扔进煎锅，在火上烤。

迦玛列想让她振作点，就对她说，她要是被火烤着，该吃些冰激凌来凉快一下。她被逗笑了。迦玛列表示，他很理解她对失踪男友的愤怒，也试图让她相信汽车的新主人与卡里姆无关。还承诺说，如果他遇到阿卜杜勒·卡里姆，一定会告诉他乔吉特受的打击有多大。乔吉特站起身来，准备离开，临走时给了迦玛列一张自己的照片，说这是给阿卜杜勒·卡里姆的。在照片的背面，她写道："献给那个毁了我人生的人。我们还要见面算账呢。"

以撒告诉我，迦玛列有些说法是不可信的，而且他似乎渴望把自己描绘成最有能力的特工，并夸大别人的失误。70 年很漫长，当时实际发生的事已很难得知，但故事的轮廓似乎很清晰。顶着假身份的时间一长，真正的生活就会开始褪色，而以撒甚至还没有过真正的生活。他没有父母在童年住过的家里等他，也没有妻子，甚至没有熟悉的邻居。他失去了旧的国家，却还没能看到新的国家。那一年他 24 岁。那是充满死亡和隔绝的一年。而乔吉特是他可以触碰的柔软。她与战争无关，她是个有血有肉的人。

这个故事让我想起了几年前看过的一部纪录片。有一个人来自拿撒勒，名叫尤瑟夫·舒法尼（Yussef Shufani），是个阿拉伯基督徒。20 世纪 20 年代，有人在海法教堂的台阶上发现了他，收养了他。多年来，他试图寻找自己的出身来历，但一直没能成功。他有了很多子孙，也逐渐老去。在他去世之后，他的阿拉伯孙女发现她的祖父是个私生子，生父是著名的犹太先驱战士贝尔坎德兄弟（the Belkind brothers）当中的某一个。多年以前，一男一女发生了婚外情，生下了他，而他却成了阿拉伯人。人本是比邻而居，事情却纠缠不清。

20. "红发"博凯

带刺铁丝网将耶路撒冷一分为二，在以色列这一侧，有一栋楼可以俯瞰曼德尔鲍姆门（the Mandelbaum Gate），远眺约旦占领区①。萨姆安老师站在窗边，窗子底下是一群阿拉伯战俘，正朝着分界线走去，即将离开以色列，回到阿拉伯世界。他紧盯着其中两个。

计划一开始安排了三名特工，但其中一名特工的妻子怀有身孕，她心生恐惧，请求分部的指挥官别让她丈夫去。指挥官让步了。所以只剩下两名特工：20岁的埃弗拉姆，在巴格达出生，在基尔库克长大；19岁的博凯，来自大马士革。博凯在人群中很是显眼，虽然名义上和其他人一样是阿拉伯人，但他肤色更浅，头发泛红。他的名字叫雅各布。他总是和朋友们一块儿出现在照片里，衬衫的扣子扣了一半。以下照片中左边站着的就是他。

时间到了1949年5月初，就在一年之前，以撒和哈巴谷被派遣出境，上头只给了他们一把枪、一些钱，可以说除了一句"祝你们好运"之外，什么都没有。如今阿拉伯分部已成了军事情报单

① 第一次中东战争（以色列独立战争）后，耶路撒冷西部被以色列占领，东部被约旦占领，曼德尔鲍姆门是连接两边的检查站。

位——情报局 18 处，更有组织性。该部门有了详细的行动计划，还配有一名军官专门设计伪装身份。埃弗拉姆和博凯离开前两周被关进了监狱，和那些即将被遣返约旦的战俘关在一起。停战协议刚刚签署，独立战争结束了，交换战俘则是停战协议的一部分。这两名间谍的伪装身份用的是各自的原籍伊拉克和叙利亚，他们假扮成前来参战的外籍阿拉伯志愿者。和其他战俘一样，他们受到了狱警的粗暴对待。

根据指示，他们要去约旦首都安曼。过境后的几天内，迦玛列将在市中心的"约旦咖啡馆"与他们会合。在无线电台被送到安曼之前，他们只能通过信件和贝鲁特的迦玛列联系；接着哈巴谷再通过屋顶晾衣绳将情报传递给总部。他们还会将信息用暗语编进寻人启事里，发给《难民寻亲信》专栏刊登。这是阿拉伯语的《纳赛尔报》上的一个固定栏目，旨在帮助数十万流离失所的巴勒斯坦人寻找在战争中失散的亲人。总部那头则将暗语藏在"以色列之音"的阿拉伯语频道里发送给他们。

两名间谍夹在一批战俘中间，于 5 月 3 日获释，并被带到曼德尔鲍姆门。博凯把钱藏在一个煤油炉里。埃弗拉姆则把钱放在果酱罐里。在分界线的以色列一侧，萨姆安站在窗边视线绝佳的位置，看着他们靠近约旦警卫，消失在小小的站楼里。这时总部将无线电信号发送到了贝鲁特的屋顶上："我们有两个朋友出境了。"

计划马上就出了岔子。"贝鲁特已经有新闻报道，"迦玛列联络总部说，"声称逮捕了两名犹太人，他们混在新来的难民中潜入了约旦。两人供认说是来暗杀某些人的。"希伯来语报纸也出现了类似的报道，虽然几处关键信息有别，但似乎是从阿拉伯国家的同行那里得到的信息。一家报纸称，在一次战俘交换中被抓获的"两名阿拉伯人"承认，他们是接到犹太人的命令前来实施暗杀的。

被捕的究竟是犹太人还是阿拉伯人？如果是犹太人，间谍就暴露了。如果是阿拉伯人，那就有两种情形：要么报道中所指的不是这两人，这似乎不太可能；要么就是博凯和埃弗拉姆挺过了审讯，一口咬定他们的伪装身份。分部陷入了恐慌。这两名失踪人员知道贝鲁特有特工，而且知道迦玛列的真名和化名。迦玛列立即动身前往安曼，却错过了总部发来的短报：

> 取消你的行程，不要去邮局。警告同志们不要轻举妄动，以免引起怀疑，在事态明朗之前尽量掩盖行踪。

贝鲁特的特工们收到命令，要保持低调，避免相互联系，藏好无线电发报机，远离他们的公寓。"他们知道我们的地址，"亚库巴回忆道，"我们整个网络可能被一锅端。"贝鲁特屋顶上的电台又传来一条信息：

> 我们有两名同志在外约旦[①]被捕，考虑到审讯中二人可能泄密，总部决定撤销叙利亚和黎巴嫩的两个联络点。此外，我们也担心迦玛列会在外约旦被捕。

迦玛列已经在安曼了。但当他出现在咖啡馆时，并没有约旦警方在守株待兔——在那等他的是埃弗拉姆，这名新特工瑟瑟发抖，好像生病了，但还是努力讲述了发生的事。

他说，战俘们要在曼德尔鲍姆门前排队，等候通行。放行之前，他们必须列队走过一张桌子，一名约旦军官会问几个问题，给每个人发一包香烟和一小笔钱，然后挥手让他们通过。先轮到的是埃弗

———————

① 1949年初春，外约旦正式更名为约旦，但旧名称仍然使用了一段时间。（作者原注）

拉姆，他顺利过了关，在分界线另一头等着搭档。几分钟过去了，半个小时又过去了，他的红发朋友还没有出现。埃弗拉姆突然意识到自己有生命危险。如果他的朋友被抓获，熬不过酷刑，就会供出另一名间谍，约旦人就会来搜捕他。埃弗拉姆离以色列只有几十米远。几分钟前，一切都很顺利。但问题就这么出现了，一失手，一眨眼，噩梦就降临了。没有回头路，唯一的出路就是向前，深入敌方领土。埃弗拉姆按原计划乘公共汽车到安曼，找到一家旅馆住下，逐渐丧失了勇气。

到底是什么引起了约旦警卫的怀疑，阿拉伯分部内部后来也有争论。有人认为原因在于博凯的叙利亚身份证：当时正值约旦和叙利亚关系不和，警卫可能收到了指示，要把叙利亚人拘留起来进一步讯问。另一些人则认为，虽然这名特工的母语是阿拉伯语，但他可能讲得不太好；也许他在希伯来语环境中待了太久。他才19岁，可能一下就慌了。"蟋蟀"号行动中的"破坏者"瑞卡一直认为是博凯的长相导致的。瑞卡是博凯童年时的伙伴，他俩都来自大马士革，他一直认为博凯看起来不像阿拉伯人，一开始就不该把他招募进来："把一个红头发的人招进黑人分部，一开始就是错误。"

在那几周里，搜寻被捕特工的线索成了分部唯一关心的事。他们都认为要对博凯负责，也知道被抓的本可能是自己，而且下一次抓捕随时可能会发生。迦玛列仍然留在安曼，每天都会去"约旦咖啡馆"，期待失踪的博凯突然现身。以撒奉命与迦玛列碰头，从贝鲁特飞往约旦首都。这是他第一次坐飞机。

以撒和迦玛列浏览了约旦的报纸，并在咖啡馆里留心听取有关犹太间谍的传闻，但一无所获。不过，他们收集到了一些其他消息，并且传回了总部：约旦周边看不到多少新式武器，也没有布置防空炮的迹象。约旦境内驻扎了伊拉克军队的两个营，但也正要撤回国。看来短期内不会发生新一轮的战事。

回想起来，更重要的收获是他们观察到了涌入这个沙漠王国的巴勒斯坦难民的境况。"我在安曼待了一周，"迦玛列之后写道，"走在尘土飞扬的街道上，走过贫民区和难民营，看到孩子们赤身裸体，肚子因长期饥饿而水肿，在狭小的巷子里游荡。我的心都碎了。"阿拉伯分部的特工们不是空想家。他们观察其他人的举止，偷听他们的言谈，报告自己的所见所闻。在战争刚结束的日子里，这些特工是第一批理解难民意味着什么的人。

迦玛列从安曼发出警告，称这些难民不会甘心失去所有。他们不会像犹太人那样默默承受，随遇而安。他们想回到巴勒斯坦，继续生活在阿拉伯统治下。他们不仅痛恨犹太人，还痛恨约旦国王阿卜杜拉，认为他勾结犹太人，或者抱怨他无力击败犹太人。"他们不愿意生活在贫瘠的外约旦，"迦玛列写道，"他们相信背井离乡不如战死沙场。"在 1949 年初夏的这些情报中，在失踪间谍扑朔迷离的命运里，我们窥见了真相，未来几十年的冲突也渐渐拉开了帷幕。

以撒和我谈话时，很少流露自己的政治立场。他对阿拉伯世界的看法很复杂。当地的人民，当地的文化，以及他们对犹太人的仇视，他都认真思考过。和迦玛列一样，以撒对他们没有仇恨和蔑视，对弱者的命运也没有心存幻想，也正因如此，犹太人决不能再软弱下去。除此之外他没说什么。如果要说他提出过什么宽泛一点的分析，最多也就是在描述流落约旦的难民时想起一个寓言，并讲了出来。他以开场白式的论调说："我认为，关于这个地区，有个问题我们的领导人从未弄明白过——那就是复仇。"

他说，曾经有一个贝都因人，他的兄弟被邻近的部落杀害。根据部落的规矩，这名贝都因人必须报仇，但他没有，第二年没有复仇，第三年也没有。20 年过去了，30 年过去了，他垂垂老矣。直到 40 年后，他终于为兄弟报了仇。后来，部落的人都来问他："你急什么？"

由于实在找不到"红发"博凯，他的搭档埃弗拉姆离开了安曼，来到了贝鲁特。他非常焦虑，总觉得有人跟踪他。他在"三个月亮"报刊亭附近徘徊，这会危及那里的人。此前报刊亭那边的人为了避风头分开了一段时间，在总部重新考量了把他们全部撤回以色列的想法之后，他们又再次现身。他们都很紧张，也深知此时此刻"红发"博凯可能会招供出什么信息，一旦招供，对他们来说又意味着什么——半夜有人敲门，被人抓住扯下床来，坚硬的金属抵在太阳穴上，被押进潮湿的牢房，戴上头套，处以绞刑。最后，他们不得不把这名受惊的特工塞进奥兹莫比尔汽车里，由亚库巴夜晚开车把他带到黎巴嫩和以色列边境的某个地方。这是一条对敌前线，好在还没有设围栏。只要把握住时机，就能避开黎巴嫩的巡逻队，跨越边境。对面有几名阿拉伯分部成员在黑暗中等候。亚库巴记得那名特工拎着手提箱，越过边境回到了犹太国。他的任务失败了。

7 月初，约旦一家报纸报道称，阿卜杜拉国王批准了对一名犹太间谍的死刑判决，原文的说法是"以色列军队中的一名士兵"。这听起来像是博凯，但报道中提到的名字是艾利亚胡·卡德·纳赛

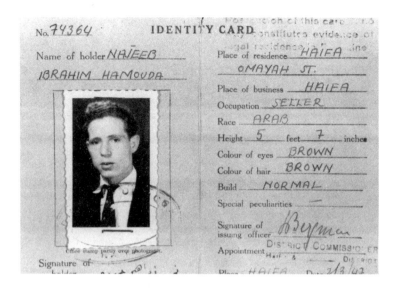

尔，"红发"博凯并没有用过这个化名。博凯所用的伪造的英国托管地身份证现藏在帕尔马赫档案馆，上面的化名是纳吉布·易卜拉欣·哈穆达。

另一份报道称，四名间谍嫌疑人被捕，三人获释，一人被绞死，但根据报道，被处决的人是阿拉伯人，因此"红发"博凯可能是获释者之一。除非他的伪装身份没有暴露，被当作阿拉伯人处死。

对以撒和迦玛列来说，搜寻过程中最难忘的时刻与失踪的间谍无关。由于在安曼没有任何进展，他们决定前往耶路撒冷，也是那名特工最初失踪的地方。经过前一年的激烈战斗，这座城市被一分为二，犹太人占领了西部，约旦控制了包括老城在内的东部地区，因此从约旦首都到达东耶路撒冷不需要跨越任何边界。他们开着出租车从安曼出发，沿着以东山一路向西，穿过约旦河，进入了犹地亚山区。他们在伊斯兰先知穆萨①的陵墓停留片刻，与其他乘客一起祈祷，然后继续沿着狭窄的沙漠公路一路开上去，来到了圣城（Al-Quds，阿拉伯人对耶路撒冷的称呼）。

他们穿过城墙走进旧城时，天色已晚。旧城里一片漆黑，古老的街道还没有从战争中恢复过来，连电都没有。犹太区空无一人，满目疮痍，居民被驱逐了，西墙那边也禁止人们像往常那样前去祈祷。

两名特工去了一家旅馆。战争之前以撒在耶路撒冷执行任务，记得这家名叫"佩特拉"的旅馆。它就在雅法门里，直到今天还开着。他们发现，这家旅馆有一部分已经被一支约旦部队征用了，这支部队沿着一面墙设防，墙就对着停火线那一边的犹太区。真正的战斗已经没有了，只是墙两边偶尔放放冷枪。以撒碰上了一位军官，似乎是个负责人，于是自我介绍说，他和这个朋友现在住在黎巴嫩，回来看看他们的祖国巴勒斯坦。军官很友好。让以撒高兴的是，酒店经理认出以撒在战前来过，还说以撒是"雅法来的圣战士当中的好手"。经理给他们弄了间像样的房间。

约旦军官命令一名士兵带两位访客参观城墙上的哨所。炮位的痕迹直到今天依旧可辨。粗糙的煤渣砖摞在奥斯曼时代典雅的石墙上。以撒和迦玛列跟随向导踏上了黑暗的台阶，眼前先是石墙，再到墙顶，然后是锯齿状的城垛，最后他们抬眼远眺——犹太人占领的那一部分耶路撒冷就在眼前，灯火通明。

---

① 穆萨（Nebi Musa）即犹太教和基督教中的摩西，伊斯兰教也承认他的先知身份。

1949年，这座城市破败不堪，不可能有万家灯火。战争刚刚结束，他们脚下这片地方已经无人居住，全是铁丝网和瓦砾。但他们两人都没有这样描述看到的景象，都只记得一片华灯。

从这个阿拉伯人的哨位上，他们看到了耶路撒冷市中心的建筑和雅法路上来来往往的犹太人。他们从未如此靠近他们思念的那些人：阿拉伯分部和帕尔马赫活下来的战友，他们的亲人，他们日思夜想的女孩。

在卧底时，以撒大部分时间并不是在刺探情报或者炸毁船只，而是待在报刊亭里，卖三明治和橡皮给小学生，在黎巴嫩首都的生活中扮演一个小小的角色。橡皮是真实的；孩子买到糖果时，脸上的微笑是真实的；乔吉特是个真实的人；在一个阿拉伯城市经营一个小报刊亭，也是真实的生活。如果他没有逃离阿勒颇，如果间谍机构没有找上他，如果历史没有走上这些年来令人难以置信的轨道，裹挟他一路往前，这本可以是他真实的生活。而另一方面，那个犹太国家只是电台中传来的滴答声。也许它并不存在。即便还存在，也许也不会长久。就算它能挺过来，他也可能活不到亲眼见到它的那一天。

现在它就在那里，人们在街头走动着，他们的孩子在啼哭，他们衣衫褴褛，电灯明晃晃地照着，和以撒一样的人在买着东西，卖着东西，在约旦哨兵的枪口下讨生活，虽然还隔着敌方的边界，不可触及，但它就在那里，就在他面前。正是为了它，他的朋友们才消失不见；正是为了它，他才活得如此提心吊胆。

与此同时，在一所军事监狱的地牢里，一位19岁的少年写了一封信。监狱位于安曼，离一座叫尼波山的荒山不远。摩西就死在这座山上，没能渡过约旦河，应许之地还在目光可及之处。

此时我正在读这封信。或者更确切地说，是现存的希伯来语译本；原文是阿拉伯语，就算尚存于世，也不知所终了。

即便看了很多遍，也很难理解博凯的信。当代人读到这封信可能会联想到这样的情景：录像里面，人质在枪口威胁之下，对着摄像头念出矛盾的字句：我的情况很糟糕，他们对我很好，我想念大家，我什么都得照做，否则会死。约旦的狱卒一定知道这名囚犯有点价值，可能会命令他写这封信，希望以此交换某种东西——即便真是如此，后来发生的事也不太讲得通。

被捕的间谍似乎与另一名囚犯成了朋友，那是个巴勒斯坦阿拉伯人，即将获释。博凯意识到自己不太可能再有机会向外传递消息，于是给指挥官写了一封信，委托这名囚犯偷偷将其带回以色列。可能故事就是这么简单。抓捕间谍的人也有可能参与了这封信的撰写和传递，虽然可能性不大。

信中有几处令人困惑：一方面，博凯已供认自己是间谍，却继续使用化名；另一方面，他给出的化名虽与约旦报纸所说的相同，却不是他的假身份所用的名字；此外，在这个化名旁边，他还写下了他所在的秘密情报部门的真实名称。这封信有些地方明显是穆斯林的口吻。开头写道，"奉至仁至慈的真主之名"，这是伊斯兰文章传统的开篇方式；接着祝愿"所有信士"平安——穆斯林群体通常这样称呼自己，而这个短语在犹太教中并不常见。我们可能永远不会知道这封信到底是在什么情况下写的。

这封信是囚犯写给萨姆安老师的，开始部分以很正规的阿拉伯文风写了冗长的问候和祝福，诸如"成千上万的吻和美好的祝愿"，之后才切入主题。

> 如果想要表达我的全部心意，世界上所有的纸张都写不下我对你们所有人和对祖国的思念。

> 兄弟！我在安曼的监狱里写下这些话，我的双手因为想念你而颤抖。要知道我的良知和勇气都是你们给的，只要我活在这个黑暗的世界里，这一点就不会改变。

博凯似乎是说他没有背叛任何人。据大家所知，他句句属实。

> 每一天我都痛苦不堪，身体饱受虐待，精神备受摧残，我已经受够了这非人的日子。

> 兄弟！我必须告诉你，法院判处我绞刑。我坐在这里等待行刑。这里的环境很糟糕，我身上绑着的铁链比两个车辙① 还重。除了面包和水，我什么都吃不到。从被抓的那天起，我就没闭上眼睛睡过觉。

> 无论是出自理性还是情感，我都毫无怨言，我仍然会说，这次任务是正确的，只是一些小事让它出了岔子。我觉得，就是我出发前提到的那个人告发了我，让我掉进陷阱。如果我能活着回来，我一定会来找你，好好算账——如果真主意愿如此。

---

① 原文如此，可能是信里的用词错误。

博凯似乎提醒过他的上级，有人在他离开前对他起了疑心，可能是以色列战俘营里的另一名囚犯。他认定就是这个人向边防军告密。

亲爱的兄弟！我请求你尽你所能，让我通过红十字会离开这里。我确信你们能做到，此前这里有过先例。

现在，我亲爱的朋友，请你转告我的好友和亲人，我很好，没有受伤。代我向我们所有的朋友和指挥官们问好，愿平安降临到你和所有信士身上。

你忠实的朋友，

卡德尔·纳赛尔，情报局 18 处

另：请求你慷慨地回报把这封信交给你的人，感谢他为我完成了这桩义举。

几经耽搁之后，送信人把信带到以色列，交给了当局。8 月底当局又把信转交到阿拉伯分部，引起了震动。自从这名间谍失踪之后，第一次有迹象表明他还活着。然而，三周之前狱警就已经把他带出牢房，绞死了他。

21. 归家

把所有人从贝鲁特撤出还要花一段时间。而那名特工的死则是阿拉伯分部的最后一次重要事件。

从那件事之后，电文日志中明显透露出特工们的厌倦。亚库巴迫不及待要回家，但总部拒绝了他的要求：替补特工正在训练，但还没准备好。哈巴谷也想回去，但也收到了同样的回复。以撒说，他有某种伤病，希望在以色列接受治疗，但被告知他得在黎巴嫩寻求治疗。

总部日常要求他们提供有关叙利亚空军的信息，还有在黎巴嫩申请难民证明的方法，除此之外，日志中也有来自家人和朋友的消息。迷人的女战士米拉现已退伍，向哈巴谷表达她的爱和忠诚，她在等着他。1949 年 9 月 22 日晚上 10 点，以撒得知，他的兄弟阿夫拉罕去了以色列，刚刚结婚。这让事情变得更糟。在战争中受苦是一回事，但战争现在已经结束，以色列开始有了生活，虽然是那种死里逃生的人所过的愤怒的生活。但这些却没有他们的份儿。他们不是专业间谍，并没有打算长时间做下去，也没有准备好生活在间谍身份总要应对的危险和枯燥当中。当然，红发人之死也迫使他们不得不直面自己承担的风险。

在跟随这些人回家之前，在贝鲁特还有最后一个故事，很值得讲述。

在"三个月亮"学校旁边的那条街上，间谍们经营的报刊亭边上有间小店面，有个亚美尼亚人在里面修理手表，另一家店是个鞋匠铺，还有一家是补轮胎的。生意不忙的时候，补轮胎的人经常过来聊天。他知道报刊亭里的人是来自巴勒斯坦的难民，因此一有什么消息就来告诉他们。如果碰上巴勒斯坦来的顾客，他有时也会把他们带去见见阿卜杜勒·卡里姆和易卜拉欣等人。

以撒还记得，有一天补轮胎的人带着一个人来到报刊亭。这个人穿了套简单的西装，看上去已然年迈，可能有70岁了，不过也说不准，那些年兵荒马乱，不少人都早早地弯腰驼背、行动迟缓了。和往常一样，以撒（阿卜杜勒·卡里姆）不等对方问自己，就抢先询问他来自哪里。那人说他来自海法，以撒就说自己来自雅法。补轮胎的人回到了他的店铺，留下难民们单独说话。

那人把他的故事告诉了以撒。他说，所有人都逃走了，他也跟着逃离了海法，现在住在难民营里。但这还不是故事的重点，还有别的事。

老人有两个儿子。他们都是海法一家修车行的修车工，一个18岁，另一个20岁。战争开始的时候，犹太人把炸弹偷偷运到他们的车库里，炸弹爆炸时——

以撒当然知道这个故事，你也知道。我问以撒，老人是不是哭了。

"他没哭，"以撒说，"但他很伤心。"

以撒还能为这个人做些什么呢？他照例说了几句安慰的话，并请求真主向凶手复仇。过了一会儿，这位丧子的父亲才蹒跚离去，以撒再也没有见到过他。

在谈话过程中，我有几次想让以撒谈谈他怎么看待当年那个充满暴力的世界，这也是如今记者们常问的问题：你当时感觉如何？事后是否还会回想起来？他表现得很有礼貌，但我认为，这些问题对于他而言，只不过是现代人愚蠢的一种表现。公开地反省，说几句动人的话表示一下遗憾，这些都是后来冒出来的新玩意儿，不是当时阿拉伯分部的风格。

"我们有任务，"他谈到那些日子时说，"我成功了，我感到骄傲。"他想说的无非如此。如果我想知道他所说的成功意味着什么，我可以站在他的厨房，从七楼透过窗户看看这个国家。那些曾在华沙、柏林、卡萨布兰卡和阿勒颇任人摆布的人，终于有了自己的一块土地。楼下的街道上都是普普通通的人，正忙着去超市、赶公交车，他们并不知道，这些之所以存在，是因为很久以前，1948年2月一个周六的早晨，以撒和亚库巴这两个年轻人成功地阻止了一辆伪装成救护车的汽车装满炸药在一家电影院爆炸。

不过在我看来，这个老人的故事有别样的含义，因而与以撒讲述的其他故事有所不同。也许是它以特别的方式暗示了人与人之间的界限是多么微妙。这个老人的儿子们与以撒年龄相仿，出生在离他家不远的城市，说着和他一样的语言，兄弟俩本可能是以撒，以撒的父亲本可能是那位老人，或者以撒自己本可能是那位老人。但他在报刊亭听到那位老人讲起自己的故事时，是不可能领会到这种含义的。如今向我讲述这个故事的以撒，已经是一位父亲、一位祖父，比当时给他讲故事的老人年长许多。讲完之后，以撒的手在空中轻轻挥动了一下，我从来没有见过他做过这个动作，好像是在表达我们面对命运时共有的无奈，又像是在驱赶什么。

分部撤离时，接头地点还是在贝鲁特以南的乌塞海滩。

一个黑点出现在远处的海面，越来越近，小艇的轮廓显现出来。轻轻的划桨声传到了以撒的耳朵里，和他一起在海滩上的还有哈巴谷和负责大马士革情报站的特工西蒙。

Min hada（谁在那儿）？以撒朝着海里喊道。根据约定的暗号，水手应该回答："易卜拉欣！"然后以撒再用阿拉伯语问："穆斯塔法和你在一起吗？"

但是当以撒呼喊"Min hada"的时候，却没有人回答，相反，他听到小船上有人不安地用希伯来语催促道：调头！划桨的人慌乱地掉着头，水花四溅。没有人告诉水手什么暗号。他们只听到岸上的人用敌人的语言喊着听不懂的话。

Yob tvoyu mat！以撒喊道。这是他最喜欢的俄语粗口，他与德系犹太人打交道时也会说这句话。然后他用希伯来语喊：回来！

管它什么暗号，他今晚必须回家。船划了回来。

我们还以为你们是巡逻队呢，带头的水手说，我们差点朝你们开枪。

特工们匆忙爬上小艇，水手们划起桨，小艇载着他们离开了黎巴嫩首都的灯光，离开他们过了两年的那种生活。小艇划向幽暗的海面上颠簸的船影，那是海军快艇"帕尔马赫"号。等他们被拉上甲板，船就向南开去。左边是黑暗的海岸线，右边就是远海。那是1950年的春天。

亚库巴终于离开了，他归心似箭。他甚至威胁说，即使不让他回去，他也要回去：他会直接驱车到黎以边境，扔掉那辆奥兹莫比尔汽车，穿过边境线，再搭便车回家。他们都知道这人真的做得出来。

迦玛列被单独安排回国。回到以色列后，他被派到新组建的军队接受军官培训。当他完成培训，要回阿拉伯分部报到时，才被告知该分部已不复存在。几个月后，后一批派到贝鲁特的特工们也被召回了——就是那些被乔吉特纠缠过的人，小组随即解散。之所以如此，可能一部分是因为这个年轻国家的情报机构正在进行全面改革，由哪个组织来负责哪些工作存在内部争议。但这也可能是因为这样一种认识：即便阿拉伯分部已经创造了一种新的特工——"变得像阿拉伯人的人"，并证明其作用的确不容小觑，但现在需要的是更专业、更成熟的情报工作。阿拉伯分部只是一个开端，而这个阶段已经结束了。

迦玛列讲到，在那之后，他一度无所事事，等待着新的任务。直到有一天，他在特拉维夫庞大的军营里遇到了一个以前认识的女人。她给两名军官当书记员，这两名军官驻扎在桉树丛中的一座小屋里。女人对他说，这座小屋里是一班人马，只有个隐晦的名称：reshut，也就是"部门"。后来这个名称被一个同样隐晦的词语取代了："机构"，也就是摩萨德。

迦玛列加入了摩萨德。他以阿拉伯人的身份在欧洲生活了很多年，先是冒充大使馆的职员，后来冒充记者。"在情报界，迦玛列被认为是以色列最成功的特工之一，"2002年他去世后，一位军事历史学家如此评价他，"我们从未听说过他，因为他从未被抓到。"

和他共事的还有"冒险家"亚库巴、老师萨姆安、"破坏者"瑞卡和其他书里提到的人。

在我们的间谍所处的时代，以色列的情报部门有幸拥有成千上万个来自阿拉伯国家的"基姆"。但是这些人的孩子说的是希伯来语，而非阿拉伯语。他们有全新的身份：以色列人。以色列的身份越来越中东化，而旧有的语言和习性已不复存在，这倒正是犹太复国主义运动一直期望的。无论这给犹太民族带来了什么好处，对于间谍机构来说，它却是很大的麻烦。

那个奇怪的单词"米斯塔阿尔维姆"——"变得像阿拉伯人的人"——在希伯来语中仍旧存在，但含义略有不同。现在它指的是假扮阿拉伯人去短暂开展行动的士兵或警察，他们通常会冲进巴勒斯坦城市，逮捕或杀死嫌犯。他们并没有活得像阿拉伯人，或者说他们也做不到。而在过去，"成为一个像阿拉伯人一样的人，"萨姆安写道，"还意味着在每个方面都要表现得像个阿拉伯人：你的外表、言谈举止、你住的地方、你娱乐的地方，还要有合适的伪装身份、各种证件、人生故事和背景信息等。"如今，以色列几乎没有人再能做到这样。

我想知道 1950 年春天的那个晚上，哈巴谷——就是那位无线电操作员、侦察员、来自海法港的易卜拉欣——沿着海岸线乘船回家时，心里在想些什么。不过，在这四名间谍中，哈巴谷留下的记录最少。

他想做的第一件事就是迎娶女战士米拉。米拉信守了诺言，一直在等待着他。哈巴谷回来之后不久就举行了婚礼，分部的人都到场了。就在这段时间，哈巴谷加入了一个新的军事情报部门，负责管理阿拉伯人特工。一年之后，也就是 1951 年，一天晚上，他前往沙漠上与约旦交界的地方，要见一名线人，但那是一个圈套。接头的人杀了他，把他丢在沙漠里。哈巴谷死了，年仅 24 岁。

他年轻的遗孀后来嫁给了亚库巴。他们育有三个孩子。亚库巴这位曾经自称是"野蛮人"的特工一生出入于情报部门，不断改换身份和护照，甚至为了一次任务还整了容。2002 年，78 岁的他最后一次应召为国家服务，第二年他便去世了。他被誉为以色列情报界的一位伟大而充满传奇色彩的人物。在基布兹，我遇见了米拉，附近有一株九重葛和一块棉花地，棉花刚刚结桃。我们在一座红色小房子里喝咖啡，房子是 63 年前亚库巴亲手建造的，那时以色列才建国不久，他们也刚刚在一起生活。

后　记

在特拉维夫，我坐在一条长凳上，盯着一间报刊亭。我已经看了一个小时了，尽管这间报刊亭没什么神秘的，只有一个小房间大小，搭了一顶条纹雨篷，一面墙上贴着卖彩票的海报。

我在长凳上坐下时，刚过七点钟，报刊亭还关着门，但不久就开了。先是几分钟的忙碌，一切有条不紊。一位头发梳得整整齐齐的老妇人打开了门锁，接着一名穿着黑色 T 恤的中年男子摆出了几把椅子，一个穿蓝裙子的女人则在里面忙着些什么。椅子放这儿，桌子放那儿，再摆上烟灰缸。三人穿插交错，虽没有交谈，却配合默契，各司其职。

中年男子摆出了一货架薯片。一面墙上的金属窗板向上打开，透过窗户可以看到老妇人的上半身和报刊亭的内部——一台放着软饮料的冰箱，一个售卖比克（BIC）打火机和棒棒糖的柜台。城里别处的报刊亭会卖卡布奇诺和无麸质松饼给网站设计人员，但这里不会。这个报刊亭开在小学旁边，平平无奇。即便连人带亭子被整个抬起，飞到东边落在约旦的安曼，或飞到南边落到埃及的亚历山大，又或者飞到西面落在希腊的某个岛上，都不会引起注意，生意照做，不受影响。

一名警察慢悠悠地经过，向老太太打了个招呼，脚步没停。一个小女孩背着大大的粉红色书包，踮起脚尖，买了一包粉红色的口香糖。一位出租车司机买了包 L&Ms 香烟，和亭子里的女人很熟络，毫无客套，显然多年来他已经从这儿买过很多这样的香烟了。这是夏末一个平常的日子，地中海东岸的人们开始了一天的劳作。大海掩藏在建筑物背后，却不时用一阵微咸的海风送来问候。在世界的这片角落，现在正是出门的好时候，阳光明亮而不刺眼，离热起来还有几小时。我向老太太要了杯黑咖啡。她不认识我，但还是用带着阿拉伯口音的希伯来语亲切地叫我"亲爱的"，然后转身进了里间，过了一会儿端着一个纸杯出来。我则继续观察着。

我来到这里，是为了要想象一下那间在贝鲁特的报刊亭，它和我之间隔着敌对的边界，隔着七十年的动荡岁月。像这间报刊亭一样，它坐落在一条安静的街道上，紧挨着一所学校。大海，同一片大海，也在不远处，能闻到它的味道。我想象着 1948 年夏末那个早晨，职员和工人们经过紧闭的报刊亭，走向马车、汽车和市中心的有轨电车汇成的喧嚣。几名学生从这里路过，走向"三个月亮"学校。

报刊亭里传来"咔嗒"一声，窗户撑起来了。

两个年轻人从柜台后往外看。两人忙碌着，时而并排，时而交错，轻松自如，非常默契。他俩都留着小胡子，其中一人戴着眼镜。我有一张照片，照片中他俩对着镜头咧嘴笑着，头发向后梳，领子没扣上，看上去既会说笑又能战斗。如果问他俩叫什么名字，戴眼镜的人会说他叫作阿卜杜勒·卡里姆，另一个会说他叫易卜拉欣。

一辆奥兹莫比尔汽车停在路边，另一个年轻人出现了。像前两人那样，他肤色黝黑，留着小胡子，但从他踏上人行道的那一刻起，就能感觉到他更加趾高气扬。他声音洪亮，是个冒险家。他大步走向柜台边，那两人和他握手，亲吻他的脸颊。这位就是贾米尔。第四个人走了过来，他就是尤瑟夫。他似乎比其他人更有派头，带点知识分子的气质。别被他们放松的姿态骗了，他们已有五位朋友丢了性命，命运仍然没有放过他们。他们凭着偷听到的谈话、报纸上的字句以及晾衣绳传来的滴答声，竭力去了解周围发生的事情，推测接下来的动向，但一切都还笼罩在迷雾中。他们躲在报刊亭里，仿佛那是一艘救生艇，是方圆数公里内唯一的依靠。此刻我坐在眼前这座报刊亭旁，却仿佛在看着他们那间报刊亭。就算他们中间有哪个人走了过来，似乎也不奇怪。

从报刊亭驱车往前开一小段路，就来到一栋普通公寓大楼。入口处写着卡塔什、鲁宾斯坦、亚历山德罗夫、卡马赫吉和其他人的名字，名字的主人从别处来到这里，变成了别的人。一个门铃按钮旁边写着以撒为自己选择的姓氏。从选择这个姓氏开始，他便掌控着自己的命运。一部电话亭大小的电梯把我带到七楼，他就在门口，个子不高，留着小胡子，戴着眼镜。他就是以撒·索山，或者扎基·沙索，或者阿卜杜勒·卡里姆。

以撒的职业生涯涉及以色列情报机构的多个部门。有一段时间，他负责偷渡路线，帮助犹太人逃离叙利亚，其中一条路线是从他的家乡阿勒颇经贝鲁特登上近海的一艘船，然后抵达海法港。他参照英国皇家特别空勤团建立了一支突击队伍，用于敌后作战。在这支队伍里早期的士兵当中，有一首阿拉伯语歌很是流行，歌名叫作《穆萨·宰因》（*Musa Zein*），一问一答，很有感染力，这首歌就是以撒在海滩上训练士兵跑步时教给他们的。以撒小时候家在犹太区，附近街道上有穆斯林的婚礼游行，他就是从那里听到这首歌的。

我还认识另一名老间谍，他曾经在耶路撒冷的一个安全屋见到过以撒。以撒正在询问另一名间谍。当时以色列刚建国不久。那名被询问的间谍还是个学员，此时才刚知道情报人员并非电影里看到的那样。以撒既不咄咄逼人，也非温文尔雅。他言语温和，娓娓道来，俨然是个没有高中文凭的心理学家，一个自学成才的学者，洞悉人性，熟知中东的事情。

以撒的第一任妻子亚法因病早逝，后来他娶了拉结，是他在阿勒颇认识的几兄弟的妹妹。婚后他俩还住在以前的公寓楼里，幸福地生活了许多年。他有一双儿女，女儿在特拉维夫，儿子在纽约，还有个弹钢琴的孙子。1950年春天的那个夜晚，他乘船回国的时候，完全想象不到今天的日子。途中他既没憧憬未来，也没回顾过往，只是趴在栏杆上吐了一路。

天亮时分，他们到了海法。水手们抛下缆绳，发动机"啪"一声熄了火。以撒和同伴分别后独自一人待在码头上。没有英雄的欢迎仪式，甚至根本没有人来迎接他，只有一张职员住宿券，找不到更好的地方的话，可以在军队招待所凑合一晚。他以为帕尔马赫会有人来找他，听他讲故事，但帕尔马赫已经不复存在了。两年前他混在难民中乘车离开，现在又回到了这座城市——但又不是原来的城市，原来的房子中全是陌生的面孔。他回到了战火纷飞时离开的国家，但又不是原来的国家，是他从未来过的地方。他还是他，但同时又变成了另一个人。

在我们为了写这本书进行最后一次谈话的时候，以撒已经93岁了。他告诉我，他发现自己在想念母亲。他的语气很惊讶，仿佛从没有过这样的事。他母亲的名字叫玛扎尔。以撒 7 岁时，她死于分娩，葬在过去的阿勒颇，葬在另一个世界，在那里，20 世纪的历史尚未滚滚而来，把一切搅得粉碎。

他不记得母亲长什么样了，这让他很烦恼。有时她的样子似乎触手可及，然后又从脑海里溜走了。她没有留下照片。如果铆足劲儿回想，以撒可以看到她的轮廓，就好像正仰望着她，光线从她背后照下来，也许正是阿勒颇的阳光。也许她正要把他抱进怀里。

他的母亲又瘦又高，戴着一个黄金的小吊坠。但他看不清她的面容，也听不见她的声音。以撒想知道母亲是怎么叫自己的，是和其他人一样，还是有什么特别的昵称——只有她才会叫的那种。母亲是怎么叫他的？他想知道，但已经不记得了。

资料来源

扉页这段话出自威廉·博伊德所写的一篇散文，题为"Why John le Carré Is More Than a Spy Novelist"，刊载于 *New Statesman*，2015 年 10 月 21 日。

前言

我与以撒·索山的第一次访谈是在 2011 年 2 月，在他位于巴特亚姆（Bat-Yam）的家中。最后一次是在 2016 年 7 月。介绍我们认识的人是已退休的情报官员 Rafi Sutton，是 *The Aleppo Codex*（Algonquin Books，2012）一书中的核心人物。关于以撒的故事，我还写过一个简化版，题为"Our Man in Beirut"，刊载于 2013 年 4 月 15 日《以色列时报》（*Times of Israel*）。

以色列约有一半的犹太人口来自伊斯兰世界——且犹太裔以色列人之间的通婚正使统计数据变得模糊。这一说法出自 2012 年 5 月对以色列人口学家、希伯来大学教授 Sergio Della Pergola 的访谈。

1. 侦察员

迦玛列·科恩（尤瑟夫）1948 年 1 月 17 日离开海法的细节，出自 Yigal Allon 档案馆记录的迦玛列的口述回忆，录音的文字转写材料有 205 页，经由特拉维夫的帕尔马赫档案馆（Beit

Ha-Palmach）提供。录音转写没有标明日期，但似乎是20世纪90年代末的。其他细节来自迦玛列出版的阿拉伯分部的历史，*Ha-Mistaarvim Ha-Rishonim*（*Undercover：The untold story of the Palmach's under cover Arab unit*, Tel Aviv：Defense Ministry Press and Galili Institute for Defense Studies，2002）。

在重构1948年海法的风貌方面，我要感谢海法历史学会的Yigal Greiver和海法Mossawa中心的Jafar Farah。

"高贵的阿拉伯人民：要当心第五纵队！"这一告示的日期是1947年12月12日，在内穆尔·哈提卜的 *Min Athar el-Nakba*（*From the fragments of the catastrophe*, Damascus：Al-Matba'ahal-Umumiyah，1951）一书中有提及。这本书的部分内容，包括海法的阿拉伯领导人发布的一些告示的文本，在战后被翻译成希伯来语，收录在以色列军方出版的一本书当中，书名是 *Be-Einey Oyev：Shlosha Pirsumim Araviim al Milhemet Hakomemiyut*（*Through enemy eyes: Three Arab descriptions of the Independence War*, Tel Aviv：Ma'arachot Publishing，1954），译者是S.Sabag上尉。Yehonatan Gorenberg为我翻译了内穆尔这本阿拉伯文书中的另一部分内容。

"高贵的阿拉伯人民！国民议会正不遗余力……"这一告示同样见于内穆尔的书 *Min Athar el-Nakba* 当中，日期是1947年12月8日。

迦玛列的照片1950年摄于贝鲁特，在帕尔马赫照片档案中收藏。

"店伙计的吆喝声、打牌者的咒骂声"：出自阿拉伯分部哈巴谷·科恩（易卜拉欣）1947年春夏所写的一份情报报告，见于Yad

Tabenkin 中心所藏的关于基布兹运动档案中的帕尔马赫相关文件。

关于各个咖啡馆的情报简报，见 Yair Safran 和 Tamir Goren 所著的 "Batei ha-cafeh ha-arviim be-Haifa beshalhei tkufat ha-mandat al pi sikrei ha-esek shel sherut ha-yediot shel ha-Hagana"（"Arab cafés in Haifa in the twilight of the Mandate period according to Hagana intelligence's survey of businesses"），刊载于 *Haifa：The Newsletter of the Haifa Historical Society* 12（2014 年 12 月）。该份报告未注日期。

雅法的阿拉伯民兵关于两名被捕间谍的对话的文本转写，有一幅影印件见于 *Vesodam Lakchu Elei Kever*（*They took their secret to the grave*）一书，该书是 David Shamash 和 Gideon Ben-David 两家人自行出版的一部回忆录，收藏于帕尔马赫档案馆。对话录音的转写由海法大学的 Yoav Gelber 教授于本－古里安档案馆发现；之所以在那里，而不是和阿拉伯分部的其他文件一起存放在帕尔马赫、哈加纳、以色列国防军或基布兹运动的档案当中，可能是因为官僚程序造成的混乱。

"流动小贩"是 19 岁的阿拉伯分部特工 Nissim Attiyeh，关于他消失的细节，来自 2017 年 1 月 31 日与以色列国防军一个被称为"Eitan"的单位中两名军官的访谈，该单位负责寻访失踪的战士。Attiyeh 的尸体一直没有发现，档案也就一直没有封存。至于失踪那天他是伪装成小贩还是理发师，不同的信息来源有不同的说法，国防军档案说是理发师，迦玛列则说是小贩。

阿拉伯语报纸《人民报》1947 年 12 月 24 日的报道，在兹维卡·德罗的 *Ha-Mistaarvim Shel Ha-Palmach*（*The "Arabists" of the Palmach*, Tel Aviv：Defense Ministry Press，1986）当中被引用。我

将德罗的书作为"官方史书"来参考。这里提到的阿拉伯分部特工，即第四个被捕的，也是唯一幸存的特工，是 Shmuel（Sami）Mamroud。他 1985 年 1 月在阿拉伯分部老兵的聚会当中讲述了自己被捕的事情。此次聚会的文字记录藏于帕尔马赫档案馆和 Yad Tabenkin 档案馆，记录上有迦玛列·科恩手写的注释。

名叫萨巴里的战士，全名是大卫·萨巴里，17 岁，来自耶路撒冷。他所属的部队于 1948 年 1 月 16 日遭遇伏击，他与另外 34 人一起战死。

2. 营地

这张照片是阿拉伯分部在 Yagur 基布兹的情景，大约是在 1946 年。迦玛列从贝鲁特返回的时候，分部的营地已搬到另一座名为 Givat Hashlosha 的基布兹。照片收于帕尔马赫照片档案。

关于营地任务的描述，来自对以撒的访谈、迦玛列的口头证词和已发表的著述，也来自对亚库巴·科恩（贾米尔）一次较长访谈的转写，该访谈是 2001 年 3 月至 4 月由 Iza Dafni 代表 Yigal Allon 档案馆所做的。萨姆安老师的希伯来语全名为 Shimon Somech。达乌德全名叫 David Mizrahi。以斯拉全名叫 Ezra Afgin，他将姓氏改为希伯来语"Horin"。瑞卡全名 Eliyahu Rika。博凯全名 Yaakov Bokai。

"一台老式留声机"：出自 Eliyahu Rika, *Parpar Ha-shachar*（Butterfly of the Dawn, Tel Aviv：Yorikel Press，1987）。

玩西洋双陆棋的照片收藏于帕尔马赫照片档案。

"独立不是靠施舍，而是靠武力"：来自迦玛列和以撒 1946 年

11 月所写的阿拉伯分部报告。他俩在纳布卢斯参加了一次阿拉伯民族主义者的集会。演说的人是 Faik Inbatawi。出自迦玛列已出版的叙述。

"这次布道没有一句涉及政治"：出自 Yahudiya 村的阿拉伯分部报告，1947 年 6 月 30 日，哈加纳档案馆。

"我看到一群小子，有二三十人"：发自海法的阿拉伯分部报告，1947 年 6 月 16 日，哈加纳档案馆。

以撒的阿拉伯谚语收集在 *Pitgam Yashan-Shoshan*（*Shoshan's old proverbs*）一书当中，由他的女儿 Etti Yodan 编纂，2016 年在特拉维夫自行出版。

"车牌号 6544 的私家车"：发自雅法的阿拉伯分部报告，1947 年 12 月 1 日，哈加纳档案馆。

3. 修车行

关于 1948 年 2 月在海法的阿布沙姆修车行行动的描述，出自我对以撒的访谈以及亚库巴的口述。其余细节出自德罗的官方史书和迦玛列已发表的著述。

亚库巴早年生活的细节出自他的口述。

亚库巴的照片（时间地点不详）由帕尔马赫照片档案馆提供。

"从熟人那里借来一架米诺克斯相机"：出自德罗的官方史书。相机主人名叫 Aaron Tziling，是埃恩·哈罗德基布兹的成员，后来成为农业部长。根据德罗的叙述，有人跟间谍们开玩笑说："你们能不能回来我不管，相机得拿回来。"

"我们与阿拉伯人的联系严重受损"：此处的官员是 Yaakov

Shimoni，引自伊恩·布莱克和本尼·莫里斯 *Israel's Secret Wars：A History of Israel's Intelligence Services*（New York：Grove Press，1991）。

"我们必须假定，对方也会伪装成犹太人"：出自哈加纳档案馆的一份文件（日期不详），题为"Report on Arab Gangs in Central and Southern Palestine"。

纳粹在巴勒斯坦空降了一支破袭小分队：关于这一事件的描述，可参见 Michael Bar-Zohar and Eitan Haber，*The Quest for the Red Prince*（London：Weidenfeld and Nicolson，1983）。

"任何陌生人，哪怕是阿拉伯人，只要出现在雅法……"：出自萨姆安所写的对阿拉伯分部历史的简略记述，供内部使用，日期是 1971 年 6 月 17 日。现存于哈加纳档案馆。

阿布沙姆修车行爆炸中死亡人数不详。根据布莱克和莫里斯在 *Israel's Secret Wars* 一书当中所引用的帕尔马赫文件，人数是 30 人；迦玛列已发表的著述中称是 20 人；官方的哈加纳历史称是 5 人。袭击之后哈加纳发布的告示称："修车行被炸毁，周围也被损毁，数名阿拉伯人死亡，数十人受伤。"关于阿拉伯人方面对这一事件或伤亡数字的说法，经检索特拉维夫大学摩西·达扬中东与非洲研究中心所藏的阿拉伯语报纸，也没有准确描述。

4. 观察者（1）

"汉纳赫·西纳什"号船载着非法难民于 1945 年圣诞节抵达的事情，在迦玛列和亚库巴在口述中都有提及。

内森·奥尔特曼的诗"Ne'um tshuva le-rav-hovlim italki aharei

leil horada"（"A speech in reply to an Italian captain after a night of disembarkation"）写于"汉纳赫·西纳什"号抵达之后，1946 年 1 月 15 日在一份名为 *Davar* 的报纸上首次发表。

是"经历过死亡、什么都不怕的人"：发自雅法的阿拉伯分部报告，1947 年 6 月 16 日，哈加纳档案馆。

关于"易卜拉欣"在海法日常生活的细节，来自 1947 年春夏哈巴谷从该市发来的报告，现存于 Yad Tabenkin 基布兹运动档案馆。

5. 猛虎

关于 1948 年阿拉伯海法的资料，包括本尼·莫里斯，*1948：A History of the First Arab-Israeli War*（New Haven，CT：Yale University Press, 2008）；Tamir Goren，*Haifa ha-aravit be-tashach*（*The fall of Arab Haifa in 1948*, Tel Aviv：Ben-Gurion University of the Negev with Defense Ministry Press，2006）；哈加纳档案馆中的信息服务处情报报告；以及内穆尔，*Min Athar el-Nakba*。

描述在雅法与七百信众一起祈祷的特工是 Shem-Tov Aloni，他 1985 年曾在阿拉伯分部的聚会上讲述（转写文本保存在帕尔马赫档案馆）。

迦玛列对内穆尔·哈提卜"狂热的煽动者"的描述，还有他想在清真寺发动暴力袭击的念头，来自他的口述。

迦玛列关于 1947 年 7 月 10 日穆斯林兄弟会集会的报告，现存于哈加纳档案馆。该报告的文件中作者身份不详，但迦玛列在口述中说是他自己。

"如果我们只控制了特拉维夫和沿海平原的城市"：这是

Azriel Carlebach 于 1948 年 4 月 22 日在希伯来语报纸 *Maariv* 上所写的。

关于这次刺杀计划的帕尔马赫文件，见于 Yad Tabenkin 基布兹运动档案馆保存的帕尔马赫文件当中。这份文件未署日期，据推测大约是 1948 年 2 月末至 3 月初，题为 "Report on the execution of Operation Starling against Sheikh Nimr el-Khatib"（关于执行针对谢赫·内穆尔·哈提卜的"椋鸟行动"的报告）。"椋鸟行动"（希伯来语 mivtza zarzir）是更广泛的计划，旨在暗杀推动战争的阿拉伯人领袖。

6. 以撒

关于以撒童年的描述，来自我对他的访谈。

"受到的蔑视比基督徒更甚"：来自 Alexander Russell, *The Natural History of Aleppo*，published in London in 1756, 转引自 Norman Stillman, *The Jews of Arab Lands: A History and Source Book*（Philadelphia：Jewish Publication Society，1979）。

以撒和弟弟妹妹的照片由他本人提供。

"当时屋顶上的旗杆"：莉亚·戈德堡的诗 "Hamasa Hakatzar Beyoter"（"The shortest journey"）描绘了 1935 年的特拉维夫，该诗收录在她的诗集 *Im Ha-Laila Ha-zeh*（*With this night*, Merhavia：Sifriat Ha-Po'alim，1964）当中。英文是我的翻译，经 Hakibbutz Hameuchad- Sifriat Poalim Publishing，Bnei Brak，Israel 允许引用。

"家是一个名字"：引自狄更斯《马丁·瞿述伟》（*The Life*

and Adventures of Martin Chuzzlewit, London：Chapman & Hall，1844）。

本尼·马沙克关于悬崖的寓言记载于德罗的官方史书中。

"他们的自信源于无知和傲慢"：引自 Anita Shapira 所著 *Yigal Allon, Native Son：A Biography*，Evelyn Abel 英译（Philadelphia：University of Pennsylvania Press，2008）。

"将你自己投向这架天平"：伊扎克·萨德的这句话引自 Haim Gouri 和 Haim Hefer 所著的 *Mishpachat Ha-Palmach*（*The Palmach Family*），4th ed.（Tel Aviv：Yediot Books，1977）。

关于基布兹里与马沙克和萨姆安的这次会谈，来自对以撒的访谈，还有一些细节来自德罗的史书。

关于阿拉伯分部训练的描写主要来自对以撒的访谈，还有一些细节来自迦玛列的口述和已出版的叙述，以及亚库巴的口述证言。

萨姆安的两张照片由帕尔马赫照片档案提供。

"这就是萨姆安"：出自亚库巴的口述。

萨姆安在埃里·科恩行动中所扮演的角色详见于 Shmuel Segev 所著 *Alone in Damascus: The life and death of Eli Cohen*（*Boded Be-Damesek*，修订版（Jerusalem：Keter Books，2012）。

德罗的官方历史中提到了犹太人的情报官员怀疑阿拉伯分部这一理念是否有效的事。

"带回了关于阿拉伯军队的士气以及军事准备的有用信息"：出自布莱克和莫里斯所著的 *Israel's Secret Wars*。

"我们学会这些，没有靠任何人"：引自阿拉伯分部老兵 Yair Harari（Subhi）于 1985 年在聚会上的讲话（文字记录保存于帕尔马赫档案馆）。

"首先必须来自东方的犹太社区"：这句萨姆安说的话引自迦玛列已出版的著述。

"每十个犹太人就有九个来自欧洲"：莫里斯，*1948*。

帕尔马赫的贫穷以及偶尔无法负担食物和住宿开销的情况，在迦玛列的口述中有提及。

分部成员数量变化不定，且多年中有几十人进出。1985 年重聚时，受到邀请的有 49 人，显然并不包括 1948 年及之后相继去世的人。但在任何时间点上，活跃着的间谍数量都要更少；文件显示 1947 年末独立战争爆发时，活跃间谍的数量不超过 12 人。

"巴勒斯坦犹太人以漠视礼仪规范而闻名"：来自 S. D. Goitein 所著 *Jews and Arabs: Their Contacts through the Ages*（New York：Schocken Books，1955）。

"不仅仅是个深色皮肤……的年轻人"：出自萨姆安所写内部文件，转引自 Yaakov Markovitzki 所著 *Ha-yehidot ha-yabashtiot ha-meyuchadot shel ha-Palmach*（*Palmach special ground units*, Tel Aviv：Defense Ministry Press，1989）。

"戴眼镜的以撒·索山牵着绳子"：引自迦玛列已出版的著述。

米拉的照片由米拉·科恩提供。我于 2016 年 8 月在阿隆尼基布兹采访了她。

阿拉伯分部的营火晚会歌曲，以及通过帕尔马赫俚语融入希伯来语的阿拉伯语词见 Gouri 和 Hefer 所著 *Mishpachat Ha-Palmach*。歌曲《河之彼岸》（沙乌尔·切尼霍夫斯基作词，Anton Rubinstein 作曲）也出现在此书中。本书的英文歌词是由我翻译的。网络上可找到以色列陆军歌舞团（Nachal Entertainment Troupe）1972 年演唱的版本。

"黎明时分，营火熄灭，我感受到了侮辱"：引自耶胡达·尼尼在 1971 年的文章 *Hirhurim al ha-hurban ha-shlishi*（*Ruminations on the third destruction*），刊于基布兹运动杂志 *Shdemot* 第 41 期。

"他们一来，我们就穿得像阿拉伯人"：引自迦玛列的口述。

"有时我想，不仅是每晚的营火迸射着火花"：摘自早期阿拉伯分部老兵 Moshe Adaki 的著作 *Be-esh netzura*（*With Guarded Fire*, Tel Aviv: Am Oved, 1975）。

7."椋鸟行动"

从以撒的视角描述的这场未遂刺杀的细节，主要来自我对以撒的采访。另外有些细节来自他与拉菲·萨顿（Rafi Sutton）合著的一本关于他们为以色列情报机构服务的书 *Anshei ha-sod veha-seter*（*Anshei ha-sod veha-seter. Men of secrets, men of mystery*, Tel Aviv: Edanim, 1990）。另有细节来自 Yad Tabenkin 档案馆所存帕尔马赫文件中有关"椋鸟行动"的描述。

根据穆罕默德·内穆尔·哈提卜自己在 *Min Athar el-Nakba* 中的叙述，启程前往叙利亚的日期是 1948 年 2 月 15 日。袭击发生于四天后他返回那天，也就是 2 月 19 日。

穆罕默德·内穆尔·哈提卜对于这次袭击的所有引言都来自 *Min Athar el-Nakba* 一书，由 Yehonatan Gorenberg 帮我从阿拉伯语翻译而来。我找到了这本回忆录，这也是我在这个世界上所有公开收藏中能找到的唯一一本，保存在约旦河西岸城市纳布卢斯的巴勒斯坦安纳哈大学图书馆。两名巴勒斯坦记者帮我将这本书带到雅法几个小时，让我得以拍照。

以撒："我们一大早就出发去伏击地点"和"我有些疑虑"：出自以撒与拉菲·萨顿合著的书。

帕尔马赫的报告："10点，车开过去了"：出自 Yad Tabenkin 档案馆保存的"椋鸟行动"文件。

以撒："我向他们发信号——将一块手帕……"：出自我对以撒的访谈。

以撒："我们超过了那辆车，放慢速度，迫使内穆尔的车跟着减速"：出自以撒与拉菲·萨顿合著的书。

马林吉："我们朝那辆车开枪"：出自 Tzadok Eshel 所著 *Ma'archot ha-Hagana be-Haifa*（*Hagana battles in Haifa*, Tel Aviv：Defense Ministry Press，1978）。马林吉这一名字在俄语中意为"小的"，是一个昵称；枪手的身份并未记录。

以撒："我想拿起手枪冲出去"：出自我对以撒的访谈。

8. "雪松"

有关迦玛列在贝鲁特的时光、童年在大马士革的经历以及在巴勒斯坦第一个月的经历，均出自他本人的口述。

负责从伊拉克进行秘密移民的间谍用代号"阿齐兹"来表示以色列故土：出自 Shlomo Hillel 所著 *Operation Babylon: Jewish Clandestine Activity in the Middle East 1946-51*（Glasgow: William Collins，1988）。

哈加纳司令部有一名成员是法国犹太人，其代号就是"法国人": 出自布莱克和莫里斯所著 *Israel's Secret Wars*。

迦玛列关于穆斯林兄弟会在海法集会的报告（1947 年 7 月 10
日）来自哈加纳档案馆，他关于该市阿拉伯共产主义者会议的报告
（1947 年 5 月 13 日）以及在谢赫穆尼斯关于民族主义者集会的报
告（1947 年 6 月 26 日）也出自那里。

"因为是我想加入他们": 出自迦玛列的口述。

迦玛列晚年生活的细节来自一部短片，这部短片 2012 年 2 月
21 日——也就是他去世十年后——在帕尔马赫博物馆的一场会议
上放映; 这场会议的视频保存于帕尔马赫档案馆。更多细节来自
2018 年 4 月对他的妻子 Aliza Cohen 和女儿 Mira Shamir（出生时名
叫 Samira el-Hamed，当时她的父亲正在欧洲做卧底）所做的采访。
巴西瓦的题字来自迦玛列的口述。

"战争的天平，似乎已大大地倾向阿拉伯人一方": 出自英国
高级专员 Alan Cunningham 在 1948 年 4 月 3 日给殖民大臣的报告，
引自莫里斯，*1948*。

波扎名为 Haim Poznanski，在先知撒母耳村的战斗中牺牲，年
仅 21 岁（1948 年 4 月 23 日）。

许多资料都描述了阿卜杜勒·卡德尔·侯赛尼在夸斯特的
死亡，但有一些小的出入。我参考的是最近的描述——Danny
Rubinstein 所著的 *Ze anachnu oh hem*（Tel Aviv: Aliyat Ha-Gag Books,
2017）。

"同样，利玛斯在不放弃创造能力的前提下": 出自约翰·勒
卡雷《冷战谍魂》（London: Victor Gollancz, 1963）。

9. 观察者（2）

本章取自哈巴谷（易卜拉欣）在 1948 年 4 月 22 日海法沦陷后立即提交的报告。1969 年 4 月 10 日阿拉伯分部在基瓦特·哈什洛沙基布兹举办了老兵会议，迦玛列大声宣读了全文，报告因而在大会的录音转写当中保存下来，存放在帕尔马赫档案馆；报告原件已经无处可寻。

"致战斗中的民族"：这张海报日期为 1948 年 3 月 20 日，来自内穆尔所著的 *Min Athar el-Nakba*。

"躲避行进军队的难民"：出自 Walid Khalidi 的文章 *The Fall of Haifa Revisited*，初刊于 *Middle East Forum* 1959 年第 10 期，再刊于 *Journal of Palestine Studies* 第 37 期，第 3 辑（2008 年春季）。

"原地待命。巩固阵地"：这张告示日期为 1947 年 12 月 12 日，来自内穆尔所著 *Min Athar el-Nakba*。

"阿拉伯人的医院挤满了死伤者"：来自迦密旅（Carmeli Brigade）的报告，1948 年 4 月 22 日，出自本尼·莫里斯著 *The Birth of the Palestinian Refugee Problem Revisited*（Cambridge：Cambridge University Press，2004）。

海法的犹太市长来到港口，恳求人们留下来：出自本尼·莫里斯所著 *The Birth of the Palestinian Refugee Problem Revisited* 以及其他资料。

"远处近处都是枪炮声，爆炸声，火光冲天"：出自格桑·卡纳法尼（Ghassan Kanafani）的中篇小说《重返海法》，收录于 *Palestine's Children：Returning to Haifa and Other Stories*，Barbara Harlow 和 Karen E. Riley 译（Boulder，CO：Lynne Rienner，2000）。

10. 基姆

"有热爱希腊文化的大学老师，也有人脉广泛的混混"：出自安东尼·比弗（Antony Beevor）所著 *Crete: The Battle and the Resistance*（London：John Murray，1991）。

2016 年访问海法历史学会期间，我见到了二战中英国对于海法最后据点的规划地图。

约纳坦·本－纳胡姆关于"变得像阿拉伯人的人"这一想法的起源的文章，在我所见的资料中，是关于这一主题最有见地的文章，但似乎从未发表过；我在 Yad Tabenkin 基布兹运动档案馆的一份文件中偶然发现了这份打印出来的草稿。本－纳胡姆出生于 1941 年，是一位备受尊敬的以色列作家，他在 1999 年出版了第二本书，也是他的最后一本书。他后来因中风而失去沟通能力。2018 年 4 月，我与他的兄弟、历史学家伊兹哈尔·本－纳胡姆（Yizhar Ben-Nahum）交谈，但仍无法确定这篇文章的起源。

尼古拉斯·哈蒙德是一位爆破专家，他被英国特别行动处从剑桥大学抽调过来，后成为一名德高望重的古希腊语学者。他将自己的战时经历记录于 *Venture Into Greece: With the Guerrillas, 1943–44*（London：William Kimber，1983）一书中。早期阿拉伯分部的成员对哈蒙德充满钦佩，因为他在分部成立之初就提供了关键的训练和支持。然而，哈蒙德在回忆录中重点描述了在希腊的经历，仅顺便带过巴勒斯坦的时光，而对阿拉伯分部只字未提。

帕特里克·雷·弗莫尔以旅行作家的身份闻名，他将自己在克里特岛度过的时光记录于 *Abducting a General: The Kreipe Operation and SOE in Crete*（London：John Murray，2014）之中。

"晚上，我们会围坐在营火边唱德语歌"：出自 Yehuda Brieger，转引自 Zerubavel Gilad 和 Galia Yardeni 编的 *Magen Ba-seter*（*Secret Shield*, Jerusalem：Jewish Agency Press，1948）。

11. 难得的机会

"希勒尔"——也就是以色列·加利利——的简报，出自以色列国防军在 Tel Ha-Shomer 档案馆所保存的阿拉伯分部文件，日期为 1948 年 5 月 6 日。奇怪的是，数字"6"是手写，而其他部分为打印。这一点需特别指出，因为德罗的历史引用了大卫·本－古里安 5 月 6 日同天的日记，记录了两名间谍在两天前离开。假设本－古里安指的是以撒和哈巴谷，那么他们离开的日期则是 5 月 4 日，也就是 4 月 22 日海法沦陷 13 天后。这样的话，希勒尔简报上的"6"似乎是错的，简报应该是 5 月 4 日之前写的。

"残骸之城"：说这句话的人是大卫·本－古里安，他于 5 月 1 日到访。引用自 Shai Fogelman，"Port in a Storm"，2011 年 6 月 3 日发表在 *Haaretz* 周刊。

关于以撒和哈巴谷离开的描述，来自我对以撒的访谈。

"我要站在守望所"：Book of Havakuk 2:1–3, the Jewish Publication Society translation（Philadelphia：JPS，1999）。

"糟糕的情绪便向我袭来"：1947 年春夏，哈巴谷在海法时写在报告里，现收录于 Yad Tabenkin 档案馆。

亚库巴在口述中讲述了自己在海法当卧底的日子。

1937 年 7 月 12 日，特尔奇之家（海法"最漂亮、最受青睐"的旅馆）的广告刊登在希伯来语报纸 *Davar* 上。来自耶路撒冷国家图书馆犹太历史出版社在线档案。

法齐·卡乌基承诺要对犹太人发动"全面战争",并且要"消灭、破坏、摧毁阻拦我们的一切",摘自莫里斯,*1948*。

12. 以色列的沦陷

以撒从巴勒斯坦越境进入黎巴嫩时所看见到的一切,来自我对他的访谈。

"你只能相信那些付出一切的人,别无他法":来自 2016 年 8 月我在阿隆尼基布兹对米拉的访谈。米拉的哥哥本 – 锡安在 1948 年 4 月 23 日先知撒母耳村战斗中丧生,时年 23 岁。

"它……环境之迷人,不可思议":出自简·莫里斯,*A Writer's World*（London：Faber & Faber，2004）。

对当时贝鲁特的描述,包括市中心以及俱乐部的情况,我化用了黎巴嫩作家 Samir Kassir 的 *Beirut* 一书,英译者是 M.B. DeBevoise（Berkeley：University of California Press，2010）。

"意欲重现巴黎夜晚的盛典"：*Samir Kassir*，*Beirut*。

"据说有人就因此在叙利亚被识破。但凡陌生人皆有嫌疑,而周围到处都是陌生人":来自一份迦玛列手写的 14 页的报告,存放在以色列国防军档案馆的阿拉伯分部文件中。这份报告未署日期,夹在一份 1949 年夏季的文件当中,但内容显示它写作时间更早,或许是在 1948 年秋季。

加利利贝都因人营地的事件发生在 1947 年 7 月左右。事件描述来自我对以撒的采访、2006 年 10 月他女儿 Etti Yodan 记录的一段文字、以撒在 1985 年阿拉伯分部退伍军人聚会上的描述（录音转写保存在帕尔马赫档案中）。

"阿拉伯军团攻占耶路撒冷" "黎巴嫩播报首份军事报告"均为 1948 年 5 月 16 日 *Al-Hayat*（《生活报》）的标题。这份报纸（包括本章所提及的阿拉伯报纸）各期现存于达扬中心（Dayan Center）的阿拉伯报纸档案中，由 Yehonatan Gorenberg 为我翻译。

《贝鲁特晚报》上的漫画刊载于 1948 年 5 月 31 日。

"整个仪式只有 32 分钟"：莫里斯，*1948*。同一早上投降的三个定居地分别是 Revadim，Ein Tzurim 和 Masu' ot Yitzhak，三者属于耶路撒冷南部的埃齐翁（Etzion）片区（定居点集合）。

"没有了无线通信"：赞·菲尔丁在克里特岛比弗尔上所写的原句。

"阿拉伯人拒绝了犹太人的投降，耶路撒冷的犹太社区撤离" "最后的障碍"：1948 年 5 月 23 日，《生活报》标题。

"我和哈巴谷忧心忡忡地看着对方"：来自以撒与拉菲·萨顿合著的书。

13. "三个月亮"报刊亭

"会议期间，通往议会大楼的路都封锁了"：来自阿拉伯分部的无线电通信（1949 年 1 月 27 日），见于以色列国防军档案馆阿拉伯分部文件中保存的通信日志。

黎巴嫩和联合国如何对待难民，以及那几个月里黎巴嫩民众的情绪的细节，都来自迦玛列长达 14 页的报告，现存于以色列国防军档案馆。

报刊亭的日常工作细节源于我对以撒的采访。

"报刊亭的内部对我们来说很是有利"：是以撒向总部发送的无线电信息，日期不详，引自迦玛列已发表的著述。

贝鲁特对空袭毫无防备：来自 1948 年 8 月 4 日贝鲁特和大马士革发来的情报报告的摘要，现存于以色列国防军档案馆。

叙利亚军队订购了 1000 架双筒望远镜，美国商人抵达贝鲁特，以及意大利的武器运输：出自 1949 年 2 月 22 日的一份情报报告，现存于以色列国防军档案馆。

到达贝鲁特的货物清单（"100 吨皮革"等）：来自一份 1949 年 2 月 6 日的情报报告，现存于以色列国防军档案馆，标明是情报局 18 处的档案。

关于拉亚克机场的报告：来自 1949 年 9 月 8 日的一份情报报告，来源是"一名线人"，存于以色列国防军档案馆。

贝鲁特各目标的坐标来自迦玛列长达 14 页的报告的附录，存于以色列国防军档案馆。

"敌人可能会……"：该信息于 1948 年 12 月 10 日早上 6 点 15 分由阿拉伯分部总部发送至贝鲁特，存于以色列国防军档案馆。

"敌人有个监听站"：该信息于 1948 年 12 月 16 日早上 6 点由阿拉伯分部总部发送至贝鲁特，存于以色列国防军档案馆。

总部建议哈巴谷购买一件电器：该信息于 1949 年 8 月 13 日阿拉伯分部总部发至贝鲁特，存于以色列国防军档案馆。

达乌德·米兹拉希（David Mizrahi）和以斯拉·阿夫金（Ezra Afgin）被囚禁在埃及的照片由帕尔马赫档案馆提供。

以斯拉没有了笑容，眼睛下方还有瘀青：来自迦玛列已出版的著述。

"埃及的一份公报称，他们是在一座军营附近被抓的，身上带着一个罐子，里面装着斑疹伤寒和痢疾的病菌"：来自路透社的报道引用的埃及军队的官方声明（1948 年 5 月 25 日刊登在 *Yediot Ahronot*，收录于耶路撒冷国家图书馆 *Yediot Ahronot* 线上档案）。据以色列军方记录，两名间谍于 8 月 22 日，即三个月后，在加沙被处决。

14. 地中海赌场

亚库巴如何前往贝鲁特、他的童年以及早年在帕尔马赫的生活都来自他的口述。

1943 年左右亚库巴参与的事件——在贝桑镇对一名强奸犯进行阉割——在当时广为人知，而且在多种信息来源中都有提及，尽管关键细节尤其是嫌疑人的名字和日期，已经变得模糊。我找到的最详尽的报道是记者 Amos Nevo 在 *Yediot Ahronot* 上的一篇文章，刊发于 1993 年 4 月 30 日。该文称，这一事件可能发生在 1943 年 6 月，目标人物名为 Muhammad Tawash。

亚库巴身穿纳加达民兵制服的照片（日期不详）和亚库巴乘坐奥兹莫比尔汽车的照片来自帕尔马赫照片档案。以撒和哈巴谷在奥兹莫比尔的照片由以撒·索山提供。

15. 希特勒的游艇

希特勒的游艇"蟋蟀"号通报舰的背景资料源于 Revel Barker 对此船的描述，他是舰队街前记者和报纸 *Mirror* 集团的执行编辑。2018 年 4 月，我与 Barker 通过信。他买下了"蟋蟀"号上的一艘小艇，之后开始研究"蟋蟀"号的历史。2001年，他将研究成果写成 *The Story of Motorboot 1*，并自行出版，供参观这艘小艇的游客阅读。详见网站：http://strangevehicles.greyfalcon.us/AVISO%20GRILLE.htm。

"针对'蟋蟀'号的行动是陆军参谋总部制定的"：该信息是1948年11月17日上午6点由阿拉伯分部总部发送到贝鲁特的，存于以色列国防军档案馆。

"蟋蟀"号停在港口的照片由帕尔马赫照片档案馆提供。

"请确认你已经完全理解"：该信息是1948年11月17日上午6点由阿拉伯分部总部发至贝鲁特的，存于以色列国防军档案馆。

看见加沙地带的埃及军队中有德国虎式坦克：根据以色列国防军档案中一份1948年9月24日的情报，1948年7月19日一名情报员发现了四辆，8月25日另一名情报员发现了三辆。

来了25名前德国国防军的人，包括"火炮、坦克和空战等方面的专家"，还提到有传言说2500名前德军士兵和意大利伞兵即将加入阿拉伯军队：来自以色列国防军档案馆1949年1月20日的一份报告，据称是"一个重要的消息来源提供的"，不过是"有保留"地传达。

"在元首的私人游艇'蟋蟀'号上工作"：源于迦玛列已发表的著述；根据他标注的来源，这封信在"作者的档案中"。

此时这艘游艇已属于一位黎巴嫩商人……这艘船……为法鲁克国王服务：来自以色列海军官方报告中对这次行动的记录，见海军少校Eliezer Tal撰写的 *Mivtza' ei cheil ha-yam be-milhemet ha-komemiyut*（Tel Aviv：Israel Defense Forces，Ma' arachot Press，1964）。

这位黎巴嫩商人是George Arida。

"极大地提高埃及海军的力量"：来自海军少校 Eliezer Tal 撰写的官方记录。

"这就像那个恶魔，即便已经躺在坟墓里"：来自瑞卡所著的 *Parpar Ha-shachar*。

"有种复仇的甜美"：来自迦玛列已出版的著述。

"由于月照和海况不佳"：该信息于 1948 年 11 月 22 日上午 6 点由阿拉伯分部总部发往贝鲁特，现存于以色列国防军档案馆。

当地的犹太人已经成了"野蛮行径"的目标：来自迦玛列给总部的 14 页报告，现存于以色列国防军档案馆。

"我们派往阿拉伯国家的一名使者"：这句话是伊加尔·阿隆说的，被历史学家德罗找到，曾出现在 Meir Hareuveni 在 1987 年 3 月 16 日发表于以色列日报 *Maariv* 上的一篇文章中。

"你们想必明白，不与当地犹太人接触的原则不能改变"：该信息在 1948 年 11 月 22 日上午 7 点由阿拉伯分部总部发往贝鲁特的，现存于以色列国防军档案馆。

关于迦玛列与他兄弟及父母见面的描述，来自他已出版的著述。

以撒对他 1948 年初夏回到阿勒颇的叙述来自我对他的采访。

我认识另一个阿勒颇的人，他还记得当时犹太儿童都在传言：此人是拉菲·萨顿，当时在阿勒颇时还是个孩子，后来成为以色列的情报人员。

迦玛列路过犹太教堂，听到祈祷，这段回忆来自一段关于他的传记短片，于 2012 年在帕尔马赫博物馆举办的会议上放映。该短

片现存于帕尔马赫档案馆。其他细节来自 2018 年 4 月我对他的遗
孀 Aliza Cohen 的访谈。

16. 破坏者

"船到达海滩时，暗号如下"：该信息于 1948 年 11 月 24 日上
午 6 点由阿拉伯分部总部发往贝鲁特，现存于以色列国防军档案馆。

"任务将于今日执行"：该信息在 1948 年 11 月 29 日上午 6 点
15 分由阿拉伯分部总部发往贝鲁特，现存于以色列国防军档案馆。

从瑞卡的角度对任务细节的描述，来自他的回忆录 *Parpar Ha-
shachar* 以及他行动后立即提交的一份报告。Eliezer Tal 在海军官方
记述中广泛引用了这份报告。1964 年 Tal 的记述发表时，瑞卡还是
一名情报人员，因此提到他时只是说"爆破专家"。

"安瓿瓶一直往下滑……"：来自瑞卡的报告，被 Tal 所引用。

"向你们表示祝贺"：该信息于 1948 年 12 月 1 日上午 6 点 15
分由阿拉伯分部总部发往贝鲁特，现存于以色列国防军档案馆。

Alexander Aciman 于 2013 年 1 月 29 日在报纸 *Tablet* 发表了
一篇文章"希特勒的马桶在新泽西"（Hitler's Toilet Is in New
Jersey），讲述了"蟋蟀"号上的马桶的奇特命运。Aciman 称，
20 世纪 50 年代初，这艘游艇被送到新泽西船厂老板哈里·多恩
（Harry Doan）那里拆解，船上一些东西（包括柚木镶板、一张桌
子、一扇窗户和这只马桶）被佛罗伦萨和附近城镇的居民抢了出
来。这个马桶一直在格雷格·科尔费尔特（Greg Kohlfeldt）的汽车
修理店。直到 2015 年，科尔费尔特把它（以"不到 5000 美元"）
卖给了一个身份不明的英国人（见 Gabriela Geselowitz，"希特勒

的马桶卖掉了"，*Tablet*，2015 年 4 月 20 日）。根据 *Mirror* 一篇文章（Warren Manger，"The Man Who Salvaged Hitler's Toilet"，May 8，2017），马桶现在归属于英国电视名人和收藏家布鲁斯·克朗普顿（Bruce Crompton）。

17．绞刑架

"锥形炸弹安装在房间的墙上"：该信息在 1948 年 12 月 4 日由阿拉伯分部总部发往贝鲁特，现存于以色列国防军档案馆。

亚库巴计划炸毁特里波利炼油厂一事的细节来自他的口述以及我对以撒的访谈。

咨询咖啡占卜师和算命师的事情，迦玛列在口述中提到过。他作为叙利亚社会民主党党员的经历，来自他的口述和已出版的著述。

这张 1949 年 3 月 1 日社会民主党集会的照片是迦玛列拍摄的，由帕尔马赫档案馆提供。

"认为自己的工作就是早上起来读报纸""我以前是很极端"：来自亚库巴的口述。

关于贝鲁特处决犯人的描述，以及亚库巴关于被吊死之前要说些什么的想象，都来自他的口述。

"我听一名叙利亚士兵谈起"：来自迦玛列长达 14 页的报告，现存于以色列国防军档案馆。

"用鲜血献祭的爱"：来自 Haim Gouri 的 "Song of Friendship"，歌曲创作于 1948 年战争期间。

"伊加尔·阿隆至死都没有祖国"：1980 年作家 Amos Keinan

的话，在 Shapira 的 *Yigal Allon, Native Son* 一书中有引用。

一份 1948 年 9 月 16 日的备忘录宣布阿拉伯分部由军事情报部门接手，现存于以色列国防军档案馆。

在新入伍的士兵中辨认米兹拉希人名字的征兵官是 Yosef Ben-Saadia，他在 1985 年阿拉伯分部的聚会上发表了讲话（文字记录存于帕尔马赫档案中）。

"亚库巴有权计划并准备军事行动"：引用自 1948 年 12 月 24 日上午 7 点阿拉伯分部总部发至贝鲁特的信息，现存于以色列国防军档案馆。

"我是王子，你也是王子……"：摘自以撒的阿拉伯谚语集。

"如果当时他们同意了我们的计划……"：引自亚库巴在 1985 年阿拉伯分部聚会上的讲话（录音转写存于帕尔马赫档案馆）。

"当亚库巴谈到在黎巴嫩的那段时间"：摘自迦玛列的口述。

18. 犹太国家

"在学生和知识分子的圈子里，大家都知道"：引用自 1949 年 3 月 23 日阿拉伯分部（此时已是情报局 18 处）的报告，现存于以色列国防军档案馆。

"大地将变得沉寂"：摘自 Nathan Alterman 的诗 "The Silver Platter"，1947 年 12 月 19 日首次发表在报纸 *Davar* 上。

"当时我以为战争已经结束了"：摘自尤拉姆·卡纽克的回忆录 *1948*（Tel Aviv：ediot Books and Hemed Books，2010）。

"战争失败不是因为犹太人的军队，而是因为他们有美国人的钱和捷克人的飞机"：引自一份关于大马士革广播电台的报告，见以色列外交部一份关于阿拉伯新闻的简报（1949年2月19日至20日），现存于以色列国防军档案馆。

卡乌基坚称基布兹的战士实际上是非犹太裔的俄罗斯人：引用自莫里斯所著 *1948*。

"阿拉伯驻伦敦办事处发表了一份声明"：引自外交部的新闻档案中一份关于近东阿拉伯语广播电台的简报（1949年2月21日至22日）。

"恢复战斗，击溃犹太人"：来自拉姆安拉阿拉伯语广播电台所引用的阿拉伯语报纸 *El-Ba'ath* 的一篇文章，外交部新闻简报（1949年2月1日至2日）。

"如果犹太人觉得自己赢了"：拉姆安拉广播电台播音员 Azmi Nashashibi 所说，外交部新闻简报（1949年2月17日至18日）。

废除紧急管制措施：外交部对以色列报刊文章的综述，1949年1月9日，现存于以色列国防军档案馆。

"'阿西斯'果汁厂新建了一条生产线……'阿塔'纺织厂的罢工也得到妥善解决，工人的利益得到了保障"：引自一家犹太人事务局关于以色列最新消息的小册子（1949年3月12日至18日），现存于以色列国防军档案馆。

"雅法邮局如今也已重新营业。每周都有数千移民经海法港入境，2月时这一数字高达25 000，这一年总共有25万移民进入以色列"：引自1949年1月10日外交部关于以色列报刊文章的综述，现存于以色列国防军档案馆。

人口每十天就增长一个百分点：出自1949年3月10日报纸 *Davar*，外交部的新闻摘要，现存于以色列国防军档案馆。

"《纳赛尔报》报道"：引自阿拉伯分部 1949 年 2 月 1 日的报告，现存于以色列国防军档案馆。

"大马士革的犹太人被集中在了社区"：引自以色列国防军档案馆一份 1949 年 3 月 23 日的报告，未标明来源，但与同一组档案中阿拉伯分部的其他报告相似。

"犹太国家的建立将会危及上百万伊斯兰国家犹太人的生命"：埃及驻联合国代表团团长 1947 年 11 月 24 日的讲话，转引自莫里斯所著 *1948*。

"严厉措施"：伊拉克首相 1947 年 9 月 12 日所说的话，记录在英国外交部的一份备忘录当中，转引自莫里斯所著的 *1948*。

叙利亚报纸报道称，犹太人的银行账户已被冻结：引用外交部文件中一份叙利亚新闻的摘要（1949 年 2 月 22 日至 23 日），现存于以色列国防军档案馆。

埃及的犹太人生活在"无休无止的恐惧和焦虑中"：1948 年 8 月 26 日外交部的一份报告，现存于以色列国防军档案馆。

这些犹太人"从不认同国家的使命"：迦玛列在其口述中引用的安东·萨阿德的演说。

"巴勒斯坦是我们的土地，犹太人是我们的狗"：这句口号以及 1947 年 11 月 30 日阿勒颇暴乱的其他细节，来自我 2009—2010 年对经历这一事件的阿勒颇犹太人的采访，包括拉菲·萨顿（此处提及的少年）、Rabbi Isaac Tawil 和 Yosef Entebbe（赤脚从窗户滑下的男孩），以及 Batya Ron 等。*The Aleppo Codex* 中对那天发生的事情有更详细的描述。

本章讨论的一些观点源于我 2014 年 6 月 1 日为 *Mosaic* 杂志

写的一篇文章"Mizrahi Nation"。关于以色列米兹拉希犹太人经历的批判性著作，可参阅 Yehouda Shenhav 的 *The Arab Jews：A Postcolonial Reading of Nationalism，Religion，and Ethnicity*（Stanford，CA：Stanford University Press，2006）。要了解犹太人离开阿拉伯世界的情况，请参阅 Lyn Julius 的 *Uprooted：How 3000 Years of Jewish Civilisation in the Arab World Vanished Overnight*（London：Vallentine Mitchell，2018）。

"也许这些不是我们所期待的犹太人民"：引自犹太人事务局中东部负责人 Yaakov Zrubavel 在 1949 年 6 月 5 日犹太复国主义执行会议上的发言。该发言被引用于 Tom Segev 著、Arlen Neal Weinstein 编的 *1949：The First Israelis*（New York：Henry Holt，1986），之后简称 *1949*。

"将会影响这个国家生活的方方面面"：1949 年 10 月 2 日外交部的通告，转引自 Segev 所著 *1949*。

阿里耶·格尔布卢姆的文章发表在 1949 年 4 月 22 日的报纸 *Haaretz* 上，转引自 Segev 所著的 *1949*。埃夫兰·弗里德曼的回应发表在 1949 年 5 月 8 日的 *Haaretz* 上，在耶路撒冷的以色列国家图书馆的缩微胶卷中可以查到。弗里德曼出生于荷兰，曾在北非担任了四年的犹太复国主义使者，组织犹太人移民到以色列。

迦玛列对这个国家的文化、宗教和政治生活的见解及其在 1944 年所写的信和对图勒凯尔姆火车站事件的描述都来自他的口述。

播放量前十五的流行歌曲没有阿什肯纳兹艺术家的作品这一事实，我引用自报纸 *Yediot Ahronot* 的记者 Amihai Atali 于 2017 年 9

月 3 日在推特上发布的榜单（希伯来历上一年度的排行前十五的歌曲。该榜单在这份报纸上也有发布）。

"有时想象力会狠狠愚弄你"：引用自罗曼·加里所著《风筝》（Kites），Miranda Richmond Mouillot 英 译（New York：New Directions，2017）。

19. 情人乔吉特

对以撒在贝鲁特那段时光的描述以及对乔吉特的描述都来自我对以撒的采访。

本章中的照片由帕尔马赫照片档案提供。

亚库巴对玛丽的回忆来自他的口述。迦玛列对他生意伙伴姐姐的回忆来自他的口述。

2015 年 9 月 6 日，以色列电视台第十频道播出了一部纪录片，报道了 Uri Yisrael 和其他几位与阿拉伯女性结婚的"辛贝特"特工的故事。记者 Marina Golan 将这一事件称为"国安局不堪回首的往事"。

"他们把我们分成几对，然后就开始训练我们"：埃丝特·耶米尼的话，在德罗所著的官方史书中有引用。

"亲爱的哈巴谷，一切都好！"：1949 年 12 月 6 日下午 3 点 15 分阿拉伯分部总部给贝鲁特的信息，现存于以色列国防军档案馆。

"新闻里说阿拉伯联盟不会马上开会"：阿拉伯分部 1949 年 1 月 15 日的报告，现存于以色列国防军档案馆。

黎巴嫩机场和埃及塞得港码头的手绘地图，以及埃及军服的草图……叙利亚第三军团的军徽：来自以色列国防军档案馆收录的情报报告。

埃及船只"斯卡拉"号离港：1949 年 3 月 6 日阿拉伯分部的报告，现存于以色列国防军档案馆。

迦玛列购买了两本关于泛阿拉伯情绪的兴起的书：在迦玛列的14 页报告中提及，现存于以色列国防军档案馆。

"贝鲁特马勒萨菲，阿布德·拉泽克·哈比卜的工厂"：1949 年 3 月 1 日的情报报告，现存于以色列国防军档案馆。

出于安全考虑，叙利亚政权已经宣布出售地图为违法行为：阿拉伯分部 1949 年 3 月 6 日的报告，现存于以色列国防军档案馆。

黎巴嫩当局每天都能收到 50—60 份移民出国申请……"黎巴嫩基督教徒地位的不可逆转的崩溃"：1948 年 8 月外交部的一份报告，现存于以色列国防军档案馆。

"低调内敛，相貌堂堂，和善可亲，毫不自大"：引用自亚库巴的口述。

另一个提议是暗杀黎巴嫩总理：来自我对以撒的访谈，迦玛列已发表的著述中也有提及。

以撒对与贝鲁特警方发生冲突的描述来自我对他的访谈。

"从那时起我终于知道"：引用自以撒和拉菲·萨顿合著的书。

"她爱上了以撒"：引用自迦玛列已发表的著述。

"我们的情况很糟糕。以撒·索山的女朋友总是跟着我们"：1950 年 4 月 25 日贝鲁特发至阿拉伯分部总部的消息。收录于约书亚·凯登（米兹拉希）的回忆录 Ha-mistaarev ha-acharon be-levanon（The last undercover Arab agent in Lebanon：From Damascus to

Ramat Hasharon），2013 年自行出版。2016 年 2 月，我在拉马特沙容采访了约书亚·米兹拉希（他后来改用希伯来姓氏"凯登"）。

"他是个骗子，一个背信弃义的家伙"：来自迦玛列的口述。

"献给那个毁了我人生的人"：来自迦玛列已出版的著述。

尤瑟夫·舒法尼的故事由 Ben Shani 和 Efrat Lechter 报道，并于 2013 年 4 月 8 日在以色列第二频道的调查节目 Uvda 上播出。

20. "红发"博凯

1949 年 5 月 3 日被派遣的两名特工是雅各布·博凯和埃弗拉姆·埃弗拉姆（Efraim Efraim，中东犹太人的姓氏和名字一样，并不罕见）。我笔下这两名特工潜入外约旦的过程（官方称之为"歌珊行动"）大多基于迦玛列已发表的著述和约书亚·凯登（米兹拉希）的回忆录，另有细节来自 Eliyahu Rika 的回忆录 *Parpar Hashachar*、我对以撒的访谈以及亚库巴的口述。迦玛列的书在写这一事件时，大量引用了以色列国防军档案馆中他称之为"50 号文件"和"51 号文件"的资料，但是馆内并没有这些编号的文件，可能是在 20 世纪 90 年代后期迦玛列做了研究之后，档案馆重新整理过了。也可能因为这些资料是机密文件，只允许迦玛列这样的前情报人员浏览，没有安全许可的研究人员无权查阅。或许是出于同样的原因，我并没有在可查阅的文献中看到凯登（米兹拉希）引用的时刻、日期和一份埃弗拉姆写的报告；所以在本章中，必要的时候我引用的是特工们写的书，而不是第一手资料。

博凯和朋友们的照片来自帕尔马赫档案馆。站在右边的是约书亚·凯登（米兹拉希）。

"我们有两个朋友出境了"：这条信息于 1949 年 5 月 3 日由总部发送至贝鲁特，以色列国防军档案馆第 50 号文件，引用自迦玛列已出版的著述。

"贝鲁特已经有新闻报道，声称逮捕了两名犹太人"：这条信息于 1949 年 5 月 11 日由迦玛列发送至总部，以色列国防军档案馆第 51 号文件，引用自迦玛列已出版的著述。

"取消你的行程，不要去邮局"：该信息由总部发给迦玛列，时间不详，以色列国防军档案馆第 51 号文件，引用自迦玛列已出版的著述。

"他们知道我们的地址"：来自亚库巴的口述。

"我们有两名同志在外约旦被捕"：这条信息于 1949 年 5 月 12 日由总部发出，引用自迦玛列已出版的著述。

埃弗拉姆在后来写的报告中描述了发生的事情，凯登（米兹拉希）的回忆录完整地引用了该报告。报告具体日期不详，应该写于 1949 年仲夏。据埃弗拉姆称，他返回以色列的日期是 7 月 20 日。埃弗拉姆焦虑的心态出自其他几位特工的描述，包括亚库巴的口述、迦玛列已出版的著述以及我对以撒的访谈。

"把一个红头发的人招进黑人分部，一开始就是错误"：出自瑞卡的回忆录 Parpar Ha-shachar。

"我在安曼待了一周"和"他们不愿意生活在贫瘠的外约旦"：出自迦玛列已出版的著述。

关于埃弗拉姆返回以色列的描述，出自亚库巴的口述。

博凯所用的化名为纳吉布·易卜拉欣·哈穆达的英国身份证现存于帕尔马赫档案馆。

探访耶路撒冷的经历出自我对以撒的访谈、迦玛列的口述和他发表的文章。

米兹拉希和迦玛列的书中有博凯的信的希伯来语译本，译文相同。研究早期阿拉伯分部的专家 Yaron Behar 认为，希伯来语译本出自萨姆安之手，1949 年 8 月阿拉伯语的信件到达以色列后，萨姆安立刻着手翻译。我没有找到信件原件。据迦玛列提供的信息，把信从约旦带回的获释囚犯名叫 Hassan Ibrahim Ali，他是来自约旦河西岸城市 Silwad 的巴勒斯坦阿拉伯人。

以色列方面的档案表明，博凯被处以绞刑的日期是 1949 年 8 月 2 日。

21. 归家

根据迦玛列的叙述，以撒、哈巴谷、西蒙·霍雷什（Shimon Horesh）于 1950 年 4 月 19 日撤回国。亚库巴的口述中并未提及他返回以色列的日期，但应该比他们早几个月。根据迦玛列的口述，他自己在 6 月末或 7 月初返回以色列。特工沙乌尔·卡尔梅利（Shaul Carmeli，陶菲克）提前一年（即 1949 年 6 月 8 日，根据以色列国防部档案馆的文件记载）走陆路跨越边境，返回以色列。

年迈的男人出现在报刊亭的故事出自我对以撒的访谈。

以撒、哈巴谷和西蒙从乌塞海滩撤离的描述来自我对以撒的访谈。

迦玛列加入摩萨德的过程出自他的口述。1952 年到 1964 年间他为摩萨德效力。

"在情报界，迦玛列被认为是以色列最成功的特工之一"：此

句出自历史学家 Meir Pa'il，出现在 Oded Shalom 为迦玛列写的讣
告里，2002 年 7 月 17 日发表在报纸 *Yediot Ahronot* 上。

后记

我还认识另一名老间谍……见到过以撒……询问另一名间谍：
这里的老间谍就是拉菲·萨顿，在我们的一次交谈中他提起以撒，
并且在 1990 年他们合写的一本书中，描写了他看到以撒工作时的
样子。

关于以撒返回海法的叙述，出自我对他的访谈。

致　谢

　　我要感谢我的编辑艾米·盖什（Amy Gash），感谢她的远见卓识，感谢她愿同我一起进入另一片神秘的中东天地；我要感谢 Algonquin Books 的工作人员；感谢我的经纪人黛博拉·哈里斯（Deborah Harris）；感谢加拿大企鹅兰登书屋的发行商道格·派伯（Doug Pepper）；感谢纳坦（Natan）基金会的成员费莉西亚·赫尔曼（Felicia Herman）和犹太图书委员会的大力支持。感谢米奇·金斯伯格（Mitch Ginsburg）、本杰明·巴林特（Benjamin Balint）、乔治·埃尔特曼（George Eltman）、SS、乔治·迪克（George Deek）、迪亚·拉蒂瓦·哈迪德（Diaa El Radwa Hadid），他们阅读过我的手稿并提出了宝贵意见；感谢我的妹妹莎拉·索里克（Sarah Sorek），还有我的父母伊莫金·弗里德曼和拉斐尔·弗里德曼（Imogene and Raphael Friedman）。我要感谢拉菲·萨顿，是他让我接触到以色列的第一批间谍（也要感谢以撒·索山）；感谢叶霍纳坦·戈伦伯格（Yehonatan Gorenberg）提供阿拉伯语方面的帮助；感谢大卫·贝兹莫兹吉斯（David Bezmozgis）提供关于俄语脏话的知识。我要特别感谢历史学家本尼·莫里斯，他在百忙之中阅读我的初稿并纠正了其中的错误；感谢研究早期以色列情报的学者阿隆·比哈尔（Yaron Behar），他在我对这一方面知之甚少时耐心解答我的问题。我要感谢乔治·罗尔（George Rohr）及其家人，他们对我第一本书给予的支持，鼓励我完成了之后两本书的写作。我还要感谢我的妻子娜玛（Naama）和孩子艾维（Aviv）、米歇尔（Michael）、塔玛（Tamar）、阿萨夫（Asaf），过去的几年里，他们日夜与阿拉伯分部为伴。

我的研究有赖于以色列宝贵的图书馆和档案馆资源，并得到了工作人员的帮助［帕尔马赫档案馆的伊利达·哈洛维（Eldad Harouvi）、以色列国防军档案馆的档案保管员伊法特·阿尔农（Yifat Arnon），还有其他人］，许多人愿意抽出时间和我对话，他们也推动了这项研究。文献资料中均已列出，篇幅有限，不在此一一列举。没有他们的帮助，就没有这本书。最后，我要向以撒·索山表示感谢，感谢他愿意为此投入时间，分享他的故事。

本书在大家的帮助下塑造了四位主人公，其中三位在本世纪走到暮年。但有一位例外，那就是哈巴谷。他就是那个观察者，是尤娜·科恩与尤瑟夫·科恩（Yona and Yosef Cohen）之子，1927年生于也门，1951年12月被杀害于以色列与约旦交界处的沙漠，年仅24岁。哈巴谷没有留下什么，唯有熟知他的人对他表示的深切的爱意，以及一些情报报告中表现出的细腻敏锐的灵魂。谨以此书献予他。